Sandra Anklam, Verena Meyer, Thomas Reyer

Didaktik und Methodik in der Theaterpädagogik

Szenisch-Systemisch: Eine Frage der Haltung!?

Klett | Kallmeyer

Bibliografische Information der Deutschen Nationalbibliothek
Die Deutsche Nationalbibliothek verzeichnet diese Publikation in der Deutschen Nationalbibliografie; detaillierte bibliografische Daten sind im Internet über http://dnb.d-nb.de abrufbar.

Impressum

Sandra Anklam, Verena Meyer, Thomas Reyer
Didaktik und Methodik in der Theaterpädagogik
Szenisch-Systemisch: Eine Frage der Haltung!?

3. Auflage

Redaktion: Sebastian Thede, München
Coverfoto: © David Pereiras/stock.adobe.com
Druck: Beltz Grafische Betriebe GmbH, Am Fliegerhorst 8, 99947 Bad Langensalza
Printed in Germany

ISBN (print): 978-3-7727-1248-7

Sandra Anklam, Verena Meyer, Thomas Reyer

Didaktik und Methodik in der Theaterpädagogik

Szenisch-Systemisch: Eine Frage der Haltung!?

Klett | Kallmeyer

Eine Dada-Anweisung lautet:
Mit der Straßenkarte von London den Harz durchwandern.
Das ist ergiebig insofern, als Sie sehr gut merken,
wann Sie in den Abgrund fallen.
Sie können mit einer falschen Karte viel erfahren.
Wir können nie genau sagen, welche Karten richtig sind.
Alexander Kluge

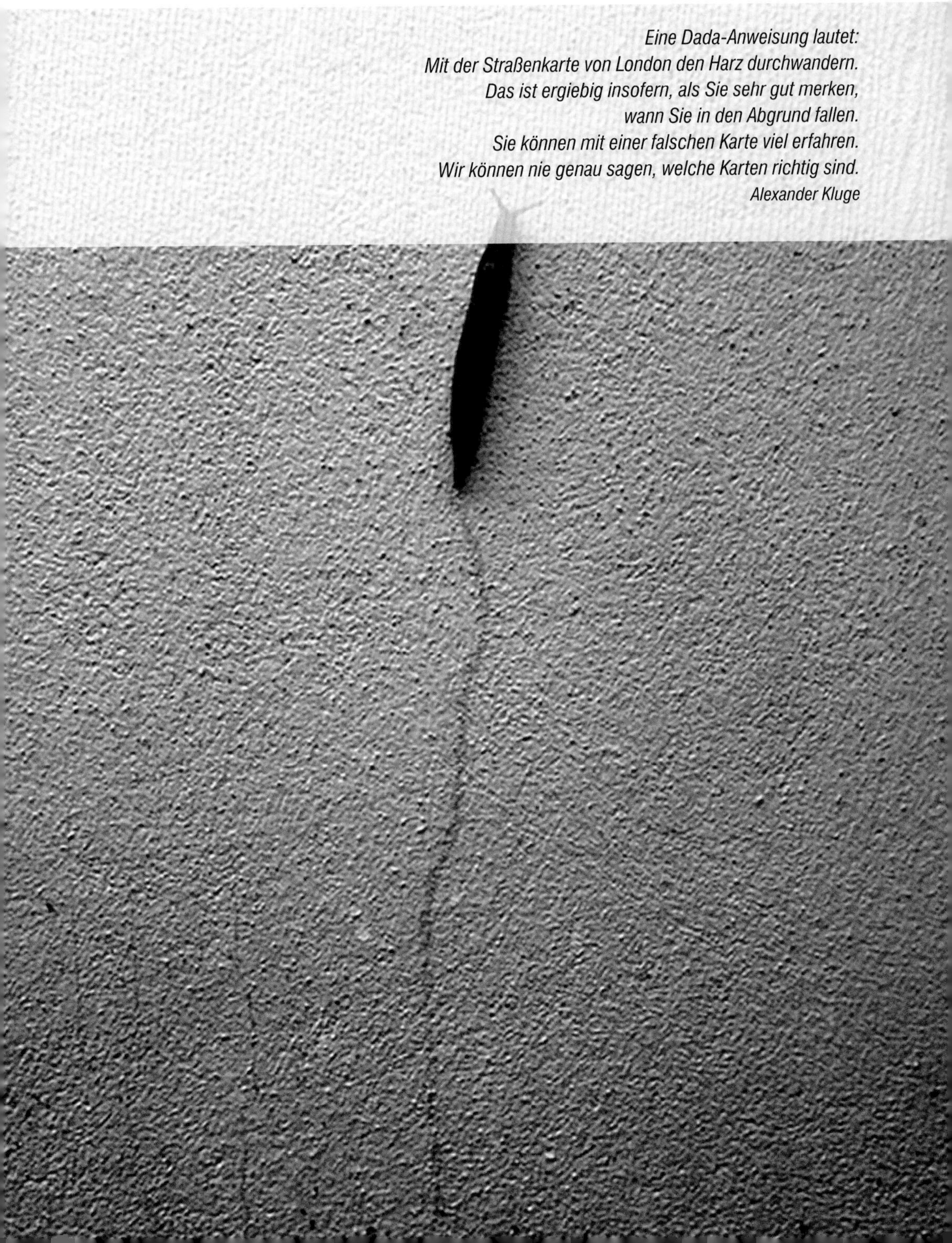

Vorwort

Die Zukunft ist jetzt!

Wenn theaterpädagogische Weiterbildungsgruppen mit ihrem Kurs beginnen, begegnet mir als ihr Anleiter zuweilen eine mechanische Erwartung: „Mach mich zum Schauspieler, lehre mich Mimik und Gestik! Gib mir Methoden, die für die richtige Zielgruppe im richtigen Moment ohne Störung funktionieren!" Und sie schauen mich an, als erwarteten sie, dass ich in meinen theaterpädagogischen Werkzeugkoffer greife, den Zehnerschlüssel für schwierige Achtklässler heraushole und ihnen das Tool vermittele, das sie nur wenig später zu einer erfolgreichen, gut verdienenden und glücklichen Theaterpädagogin machen wird.

Im Verlauf der gemeinsamen Erfahrungen der Aus- und Weiterbildung ändert sich dann (meistens) ihre Einstellung und sie erkennen, dass ein Moment, der sie berührt und inspiriert hat, für einen anderen belanglos oder sogar ärgerlich sein und auch bleiben kann. Und das ist auch gut so. Denn so wird nicht „einer der gleiche Theaterpädagoge wie ein anderer" (um einen Satz aus Peter Handkes *Kaspar* abzuwandeln), sondern jede möglichst genau die Theaterpädagogin, die sie aufgrund ihrer unverwechselbaren Persönlichkeit mit all ihren Erlebnissen und Talenten werden will und kann.

Oder, um es frei mit Brecht zu sagen: Es ist die Haltung, die entscheidet.

Das vorliegende Buch spürt dieser Frage nach: Welche Haltung kann ich als Theaterpädagogin einnehmen, wenn mir an der Entwicklung meiner Gruppe und jedes Einzelnen etwas liegt?

Es ist kein Zufall, dass hier Grundprinzipien einfließen, die ursprünglich aus therapeutischen Verfahren stammen, etwa aus der TZI, dem Psychodrama oder eben der systemischen Therapie. Aus Prozessen, bei denen es darum geht, die persönliche Entwicklung der Teilnehmenden zu begleiten, zu fördern und ihnen beim Kampf gegen innere und äußere Widerstände (für eine Zeit lang) beizustehen. Wie die drei sowohl praxis- als auch theorieerprobten Autor/innen anschaulich machen, prägt sie dabei der systemische Gedanke, den der Volksmund vereinfachend so ausdrückt: Alles hängt mit allem zusammen.

Wenn das so ist, kann es helfen, sich von Zeit zu Zeit einen Überblick zu verschaffen. Sich bewusst zu machen, in welchen Zusammenhängen wir arbeiten, leben und in Beziehung sind. Und Modelle anzuwenden, die beim Verständnis der Zusammenhänge des „Lehrens und Lernens" helfen können – ohne zu vergessen, dass es sich bei Modellen um vereinfachte zugespitzte Darstellungen einer komplexeren Realität handelt. Unsere Handlungsmöglichkeiten erkennen wir am besten, wenn wir – wie in diesem Buch vorgeschlagen – eigene Modelle entwerfen. Um dann anschließend aufgrund dieser Modelle vielleicht eine andere Haltung einzunehmen und sich wieder in die Praxis zu stürzen, neue Erfahrungen zu machen, als Lehrender weiter zu lernen, zu suchen, zu forschen, dann wieder eine Pause einzulegen, alles von oben zu betrachten, neue Modelle zu entwerfen, sich wieder in die Praxis zu stürzen etc.: ein zirkuläres Lernen.

Das unterscheidet diesen Ansatz von anderen: Im systemischen Ansatz gibt es keinen Erwartungshorizont, der vom Lehrenden abschließend überprüft und bewertet wird. Hier geht man nicht von einzelnen Instruktionen aus, die zum gewünschten Ergebnis führen. Hier geht es nicht in erster Linie um die Vermittlung von „Schauspielkunst", bei der ein Theaterlehrer bestimmt, was richtig und falsch ist. Hier steht die selbstbestimmte Entwicklung einzelner Personen und der gesamten Gruppe (einschließlich der Leitung) durch, mit und im Theater im Vordergrund. Und zwar, was die Anwendung sowohl künstlerischer als auch sozialer Methoden anbelangt, die ohnehin – wie es im „Theaterpädagogischen Manifest 2017" heißt – „in der Praxis untrennbar miteinander verbunden" sind.

Die Aufgabe der Leitung nach diesem Ansatz ist es, möglichst geeignete Rahmenbedingungen für das gemeinsam definierte Ziel des jeweiligen Projektes zu schaffen und zu erhalten; den Prozess/die Prozesse in Form von „Angeboten" zu initiieren, zu moderieren, zu reflektieren (nicht: ihn entscheidend zu dominieren!) und das jeweilige theaterpädagogische Labor als Mentor/in zu begleiten.

Für alle, die sich für diese Art von Theaterpädagogik interessieren und begeistern, für alle, die zu Ländern aufbrechen wollen, von denen wir heute noch nicht einmal die Namen kennen, hält das vorliegende Buch zahlreiche Modelle und Grafiken wie auch konkrete Methoden und Beispiele aus ganz unterschiedlichen Fachgebieten bereit. Die Sie so verstehen, hinterfragen und anwenden dürfen, wie Sie möchten. Um noch mehr zu der Person, zu der Anleiterin zu werden, die Sie schon sind.

Gute Reise!

Berlin im Oktober 2018
Lorenz Hippe

Vorweg

Eine künstlerisch verstandene Pädagogik bezieht sich auf ein (...) offenes Subjekt-, Kunst- und Weltverständnis. Sie enthält das Potenzial zu changieren und zu oszillieren, mehrperspektivisch und komplex zu sein, Widersprüche in sich aufzunehmen und anstelle eines Entweder-oder Übergänge zwischen Welten, zwischen verschiedenen Erfahrungs- und Lebensräumen zu thematisieren und zu generieren, kurzum: vielstimmig zu sein.

Dorothea Hilliger

Inhalt

In dem Buch, welches du nun in der Hand hältst, geht es um Didaktik und Methodik in der Theaterpädagogik. Dabei schauen wir durch eine systemische Brille – eben szenisch-systemisch!

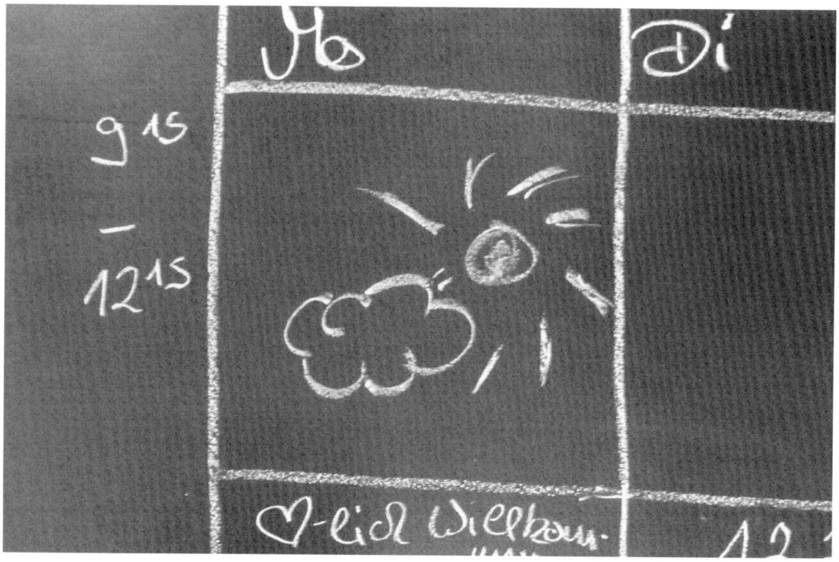

Herzlich Willkommen und viel Spaß beim Lesen!

Zielgruppe

Wir haben das Buch für Theaterschaffende und -lehrende geschrieben, für Lehrer*innen, die in der Schule Darstellendes Spiel unterrichten, Theaterpädagog*innen am Theater, die einen Spielplan vermitteln wollen, Spielleiter*innen von Kinder-, Jugend- oder Senior*innen-Theatergruppen, Pädagog*innen, die mit Theatermethoden präventive Projekte anleiten – kurz: für all diejenigen, die mit dem Medium Theater arbeiten.

Kernthese

Denn unabhängig davon, in welchem Zusammenhang, egal, mit welcher Zielgruppe theaterpädagogisch gearbeitet wird, gehen wir davon aus, dass die innere Haltung der Lehrenden, die klare Intention der Leitung in jedem Fall der absolut wesentliche Kern der gelungenen Theaterarbeit ist.

Daher ist es auch nicht ausreichend, wenn in der Ausbildung von Theaterpädagog*innen oder in der Fachliteratur – wie oft beobachtet – der zentrale Fokus auf dem Vermitteln von Übungen und Methoden liegt. Ganz im Gegenteil. Erst didaktische Fragen und Konzepte führen zu klarer theaterpädagogischer Haltung, zu einem eigenen Profil. Und erst dieses versetzt in die Lage, Methoden gemäß einer bewussten Intention, im Rahmen eines komplexen und sich stets verändernden Systems sinnvoll einzusetzen sowie innerhalb dieses Prozesses zielführend zu intervenieren und Übungen angemessen zu übertragen.

Perspektiven

Wir gehen in unseren Ausführungen davon aus, dass alle an diesem Prozess Beteiligten immer Lehrende und Lernende sind. Wesentlich ist unseres Erachtens ein Bewusstsein dafür, wann aus welcher Perspektive heraus gehandelt und reflektiert wird. Beide Rollen erscheinen komplementär, für beide Rollen betrachten wir Lernprozesse in sich verschränkenden Perspektiven: Zuerst geht es um ein vertieftes Verständnis, Lernen mit theaterpädagogischen Mitteln für die Zielgruppe der „Endverbraucher*innen" zu entwickeln, sowie die damit verbundenen pädagogischen und theatralischen Handlungsmöglichkeiten. Dies kann beispielsweise ein Theaterprojekt mit Jugendlichen zum Thema Erwachsenwerden sein, eine Schulinszenierung – stufenübergreifend – eines klassischen Theaterstücks oder Theaterarbeit mit Coaching-Anteilen für Erwachsene. Gleichzeitig geht es um die Lernprozesse der Theaterpädagog*innen, die diese Prozesse anregen, gestalten und leiten. Unsere grundsätzlichen Überlegungen gelten auch für sie, nicht zuletzt als Zielgruppe dieses Buches. Darüber hinaus schreiben wir dieses Buch auch für die Weiterbildner*innen, die kompetente Theaterpädagog*innen ausbilden wollen.

Unsere Bildungsarbeit ist wesentlich von einer systemischen Perspektive geprägt. Was das genau heißt, wird noch im Einführungskapitel erörtert und als didaktisches Modell im dritten Akt weiterentwickelt. Jetzt sei jedoch schon einmal darauf hingewiesen, dass systemisches Denken beinhaltet, Phänomene und Geschehen nicht isoliert, sondern immer in ihrem Zusammenhang zu betrachten. Für uns ist es nur konsequent, die Verschränkung der genannten Lernebenen gleich mitzudenken.

Wir machen die Beobachtung, dass Pädagog*innen Unterricht so gestalten, wie sie es selbst als nützlich erlebt haben und wie sie selbst zu unterrichten gelehrt worden sind: „Teachers teach as they were taught, not as they were taught to teach." (Altman 1983, S. 20) Dies wollen wir uns zunutze machen: Für uns ist es deshalb folgerichtig, die Weiterbildungen für angehende Theaterpädagog*innen auf Grundlage derselben Überlegungen zu gestalten, die diese auch für ihre Lernenden anwenden sollten. Wir hoffen, damit eine Lernkultur zu inspirieren, die die angehenden oder schon praktizierenden Theaterpädagog*innen in ihrer Praxis weitertragen und weiterentwickeln.

Aufbau

Unser Buch ist wie folgt aufgebaut:

- Im 1. AKT – der Exposition – entwickeln wir unsere Definitionen u.a. zu den Begriffen Spiel, Theater, Pädagogik, Theaterpädagogik, Didaktik, Methodik, System, systemische Theaterpädagogik und Haltung. Ziel ist es, zu verdeutlichen, worüber wir im Folgenden sprechen, um Missverständnisse und Begriffswirrwarr zu vermeiden.
- Der 2. AKT – die aufsteigende Handlung – setzt diese Begriffsprotagonist*innen in Beziehung zueinander. Wir bilden sie innerhalb traditioneller und komplexer Schemata von z.B. Didaktik ab, analysieren diese und entwickeln daraus unser eigenes Modell einer systemischen Theaterpädagogik. Dieses Modell bildet den Rahmen, innerhalb dessen wir uns im Folgenden bewegen.
- Im 3. AKT – dem Höhepunkt – kommen wir zum Kern des Ganzen, zu dem, was den in Akt 2 gesetzten Rahmen ausfüllen kann und darf: den didaktischen Impulsfragen, die zu einer Haltung, einem Profil und letztlich zu zielführendem Handeln leiten. Der Rahmen (das Modell) fungiert nun als Möglichkeitsraum, innerhalb dessen gedanklich gespielt und ausprobiert werden kann. Wo befindest du dich in diesem Raum/Rahmen? Was ist dir persönlich als Theaterpädagog*in wichtig? Was verstehst du z.B. unter System? Was führt dich im Rahmen dieses Systems zu deinem Ziel und wie? Wie wird deine Haltung zur Kompetenz? Wie überprüfst du kompetentes Handeln? Was ist dein Profil?
- Im 4. AKT – der abfallenden und retardierenden Handlung – münden die Gedanken und Verabredungen aus Akt 3 – dem WAS – in konkrete theaterpädagogische Umsetzung und Praxis, im WIE. Erst hier kommen wir also zur Methodik und zur Frage, wie Kompetenz zur Handlung wird.
- Der letzte und 5. AKT – Auflösung und Schluss – widmet sich den Möglichkeiten, die in Akt 4 durchgeführte Handlung nicht nur zu einem angemessenen Abschluss zu bringen, sondern den gesamten Prozess zu dokumentieren, auszuwerten sowie spätestens hier vom Lehrenden wieder

zum Lernenden zu werden, indem die eigene Handlung überprüft und reflektiert wird, frei nach dem Motto „nach dem Spiel ist vor dem Spiel“.

Zwischen den einzelnen Akten bieten wir sogenannte *Haltestellen* an, in denen Lesepausen gemacht und Handlungsanweisungen genutzt werden können, die aufgeworfene Thesen und Fragen praktisch reflektieren und untermauern bzw. Raum und Zeit geben, das Aufgenommene im wahrsten Sinne des Wortes zu verarbeiten.

Im Anschluss findest du ein *Systemisches Glossar*, in dem du alle für uns wichtigen Begriffe aus der systemischen Welt noch einmal als Kurzbeschreibung wiederfindest.

Anliegen

Unser Anliegen ist es, unsere Ausführungen so unkompliziert und praxisorientiert wie möglich zu gestalten, um Lust an der Auseinandersetzung und am Ausprobieren zu wecken. Dennoch kommen wir nicht umhin, manche Sachverhalte in vielleicht kompliziert erscheinender Art und Weise zu schildern. Das liegt zum einen sicher daran, dass das Schriftsteller*innen-Trio aus unterschiedlichen Perspektiven heraus auf den Gegenstand schaut. Zum anderen liegt es daran, dass die Themen, die wir hier verhandeln und in Zusammenhänge setzen, komplexe Wechselbeziehungen eingehen, denen wir versuchen, gerecht zu werden. Unsere Einladung lautet: Nimm, was dir schmeckt, lass liegen, was dir nicht schmeckt, und koste zwischendurch auch mal etwas vom Buffet, das dir im ersten Augenblick vielleicht nicht schmackhaft erscheint und lass den Geschmack sich einmal entfalten.

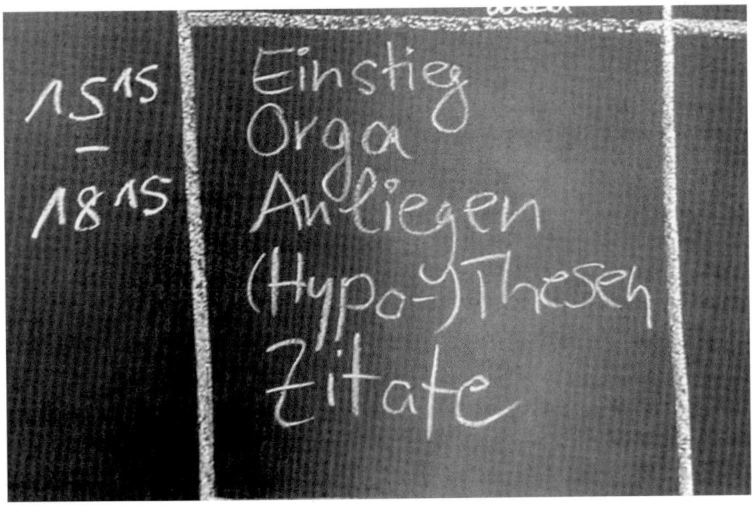

Im Verlauf der Akte gibt es immer wieder Tipps und Übungen, Exkurse und Hilfreiches für die Praxis. Gekennzeichnet sind diese gedanklichen Ausflüge durch spezielle Icons. So kannst du sie gut finden und zuordnen:

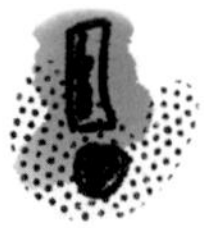	Das Ausrufezeichen deutet auf hilfreiche didaktische Überlegungen hin, die du am Ende jedes Kapitels finden kannst!
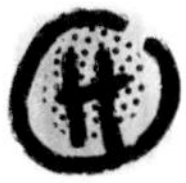	Nach jedem Akt wollen wir zusätzlich einen Halt einlegen, der dich einlädt, durchzuatmen, Gelesenes sacken zu lassen, abzuschalten ... Diese Haltestellen sind mit dem „H" gekennzeichnet.
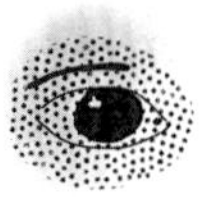	Das Auge macht deutlich, dass wir hier einen kleinen Exkurs unternehmen und unseren Blick inhaltlich auf Interessantes und Ergänzendes zum jeweiligen Thema richten.
	Hinter jeder Glühbirne steckt ein Tipp für die bzw. ein Beispiel aus der Praxis für dich als Theaterpädagog*in. Vielleicht geht dir ja ein Licht auf, wenn du unsere Anregung ausprobierst?
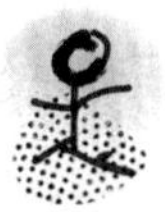	Die Figur deutet auf eine theaterpädagogische Übung hin, die du mit deinen Teilnehmenden durchführen kannst, um Theoretisches zur Didaktik und Methodik praktisch erfahrbar zu machen, zu untermauern, zu hinterfragen und zu vertiefen.
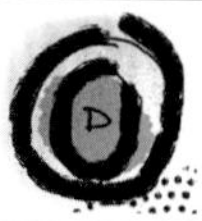	Der Kreis mit dem kleinen „D" in der Mitte weist dich auf Definitionen hin und versucht, Fachbegriffe auf den Punkt zu bringen.

Icons und auf was sie dich hinweisen

In der Anrede verwenden wir das im Theater übliche Arbeits-DU.

Du kannst das Buch entweder von vorne nach hinten durcharbeiten oder Teile davon überspringen, querlesen, zirkulär vorgehen – ganz so, wie es für dich nützlich ist.

Für unsere Gedanken und (Hypo-)Thesen erheben wir keinerlei Anspruch auf Vollständigkeit oder Richtigkeit. Wir wollen nicht dogmatisch sein, sondern vielmehr dich dazu auffordern, deine theaterpädagogische Haltung und dein individuelles Profil vor der Folie des systemischen Denken und Handelns (weiter) zu entwickeln, zu vertiefen, zu hinterfragen.

Wir wünschen viel Spaß beim Vermehren von gewonnenen Erkenntnissen und Erfahren von Unterschieden!

1. Akt: Exposition – Einführung der Begriffe und Hypothesen

… ich behaupte …, dass das Theaterspiel eines der machtvollsten Bildungsmittel ist, die wir haben: ein Mittel, die eigene Person zu überschreiten, ein Mittel der Erkundung von Menschen und Schicksalen und ein Mittel der so gewonnenen Einsicht.

Hartmut von Hentig

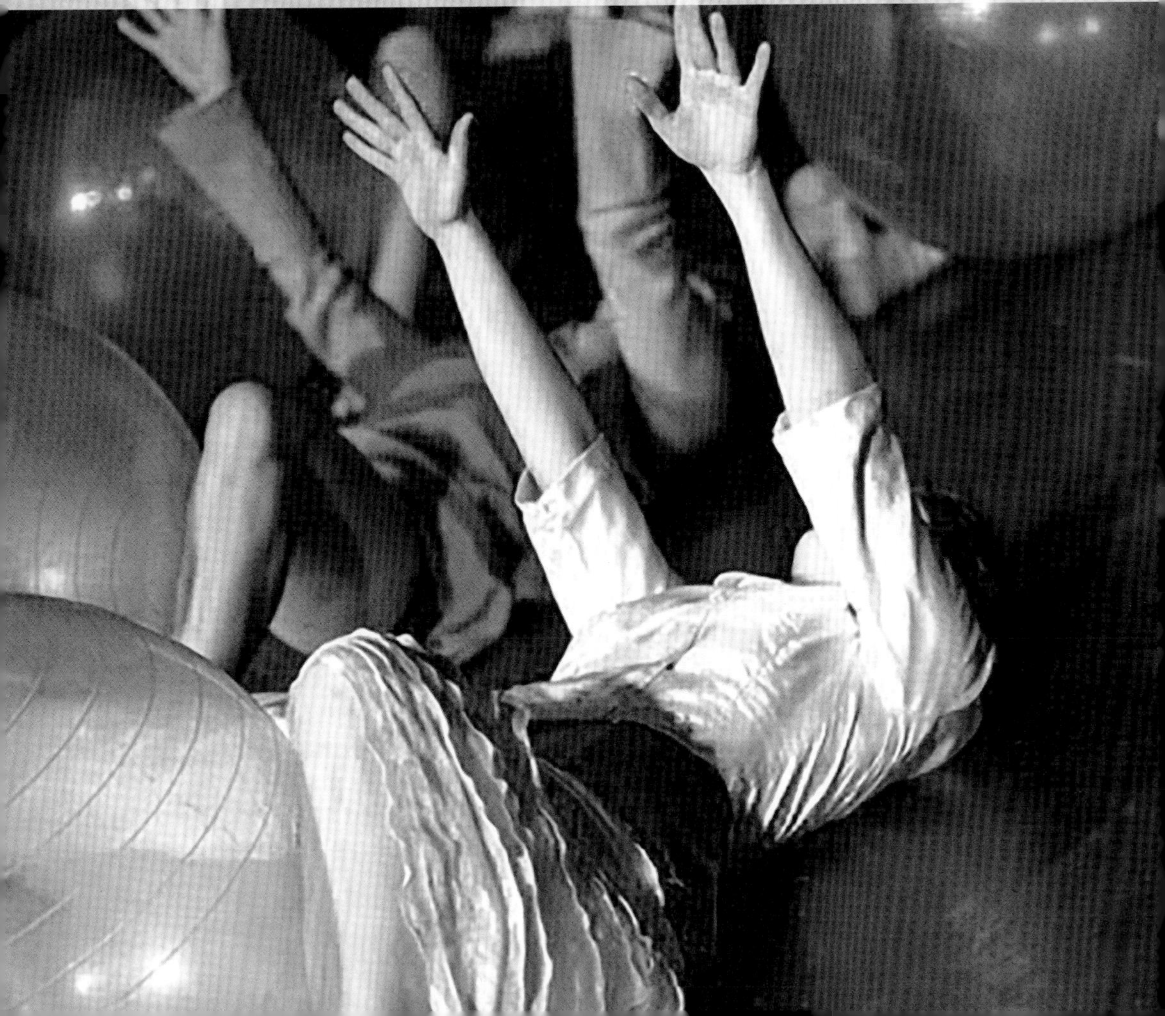

A. Definitionen

Im ersten Akt werden die Protagonist*innen unserer Haltungs-Inszenierung etabliert und zeigen sich zum ersten Mal. Wir lernen kennen: das Theater, das Spiel, die Pädagogik, die Gruppe, die Theaterpädagogik, systemisches Denken und Handeln, die systemische Theaterpädagogik, die Didaktik, die Methodik, die systemische Didaktik und Methodik, die Kompetenz, die Haltung und das Profil. Wir folgen damit dem klassischen Dramen-Aufbau – wie er zur Erinnerung noch einmal im Schaubild abgebildet ist – und geben dir in dieser Exposition Informationen, die für das Verständnis der folgenden Kapitel wichtig sind.

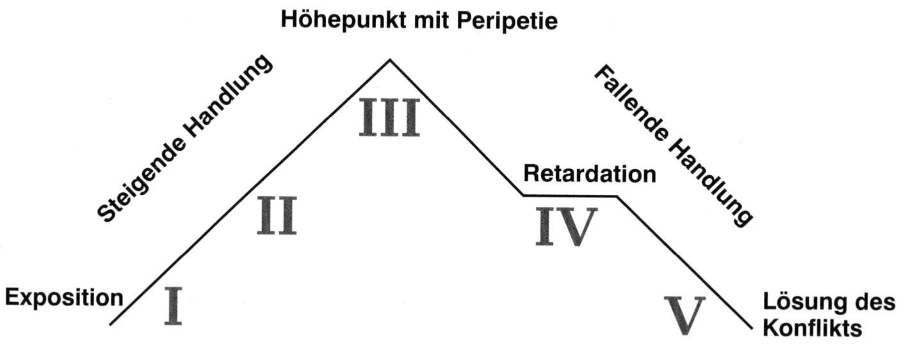

Zur Erinnerung: der Aufbau des klassischen Dramas

Wir werden und brauchen an dieser Stelle das Rad nicht neu zu erfinden. Viele kluge Menschen vor uns haben sich mit Definitionen der für uns zentralen Begriffe auseinandergesetzt. Dennoch wollen wir unsere favorisierten Definitionen voranstellen, damit deutlich ist, worüber wir hier schreiben und du hier liest. Häufig genug setzen wir voraus, dass wir das Gleiche meinen, während wir über unterschiedliche Konzepte denken, sie fühlen und von ihnen sprechen.

Wir bedienen uns dabei einer eklektischen Form – sprich: Wir nehmen von allem, was unserem Anliegen dient, das Schönste, Sinnvollste, Präziseste heraus, rühren, mischen, schütteln, schmecken, überprüfen es, und fügen dem Ganzen noch unsere eigene Note, Konnotation und Farbe hinzu. Hierbei nutzen wir ein wichtiges didaktisches Prinzip: die Reduktion von Komplexität, um eine Überflutung zu verhindern und einen Filter anzubieten, durch den unsere Ideen, Gedanken und Hypothesen laufen.

Und auch damit handeln wir schon als Systemiker*innen und Theaterpädagog*innen: Wir treffen eine subjektive Auswahl, fertigen eine Strichfassung, be- und erspielen unsere individuelle und gleichermaßen für das jeweilige Projekt mit der jeweiligen Gruppe gültige kollektive Fassung und Interpretation von Wirklichkeit.

Was ist Theater?

Theater ist eine soziale Gemeinschaftskunst, die zwischen Wirklichkeits- und Möglichkeitsraum (als eigenständige theatrale Wirklichkeit) stattfindet. Theater als Gesamtkunstwerk ist multidimensional und konstituiert sich nicht nur durch darstellerische und sprachliche, sondern auch durch bildnerische, rhythmische, musikalische, tänzerische und soziale Elemente. Theater ist eine vergängliche Kunstform, die dennoch unvergängliche Erfahrungen ermöglicht.

Theater ist elementarer Ausdruck menschlicher Bewusstseins- und Erkenntnistätigkeit, welche gleichermaßen zweckfrei (im Spiel selbst) und zweckgebunden (Produkt) ist. Theater zeigt aus dem Alltag hervorgehobene und konsequenzverminderte Handlungen, Weltinterpretationen, Konstruktionen und Dekonstruktionen auf (vgl. Pinkert 2012, S. 76f.).

Was ist Spiel?

Eine der am häufigsten zitierten Definitionen ist die von Huizinga in Homo Ludens formulierte: „Spiel ist eine freiwillige Handlung oder Beschäftigung, die innerhalb gewisser festgesetzter Grenzen von Zeit und Raum nach freiwillig angenommenen, aber unbedingt bindenden Regeln verrichtet wird, ihr Ziel in sich selber hat und begleitet wird von einem Gefühl der Spannung und Freude und einem Bewusstsein des ‚Andersseins' als das ‚gewöhnliche Leben'." (Huizinga 1991, S. 37)

Spiel eröffnet also Möglichkeitsräume jenseits der Wirklichkeit oder Alltagsrealität, die gleichermaßen Begegnungs-, Resonanz- und Zwischenräume, Wachstums- und Freiräume erlauben. Spiel zeichnet sich dadurch aus, dass es frei von Zweckmäßigkeiten jenseits der im Spiel immanenten Regeln ist – es genügt sich selbst. Hüther und Quarch (2016) konstatieren drei zentrale Signaturen von Spiel:

1. Verbundenheit (entweder mit denjenigen, mit denen gespielt wird, oder mit den jeweiligen Bestandteilen des Spiels)
2. Freiheit
3. Darstellung (womit das theatrale „Als-Ob-Prinzip" in jedem Spiel vorhanden ist)

Diese Signaturen sind Bestandteil von gelingendem Spiel.

Was ist Pädagogik?

Pädagogik ist die Wissenschaft von Bildung und Erziehung. Der Begriff wurde ursprünglich nur bezogen auf Kinder und Jugendliche in den Kontexten Familie und Schule, mittlerweile wird er auch für Erwachsene im Rahmen der Fort- und Weiterbildung angewendet (müsste dort eigentlich „Androgogik" heißen). In unserem Zusammenhang kann Pädagogik zusammengefasst werden als die praktische Disziplin der Initiierung von angewandten und zielgerichteten Erkenntnissen zur Entwicklung von Mündigkeit und Selbstbestimmung, Vernunft und Skepsis, Leidenschaft und Lust (vgl. Nix, Sachser & Streisand 2012). Hierbei steht der Mensch im Zentrum – die ganzheitliche Bildung des Menschen – es geht weniger um Erziehung, als vielmehr um Beziehung.

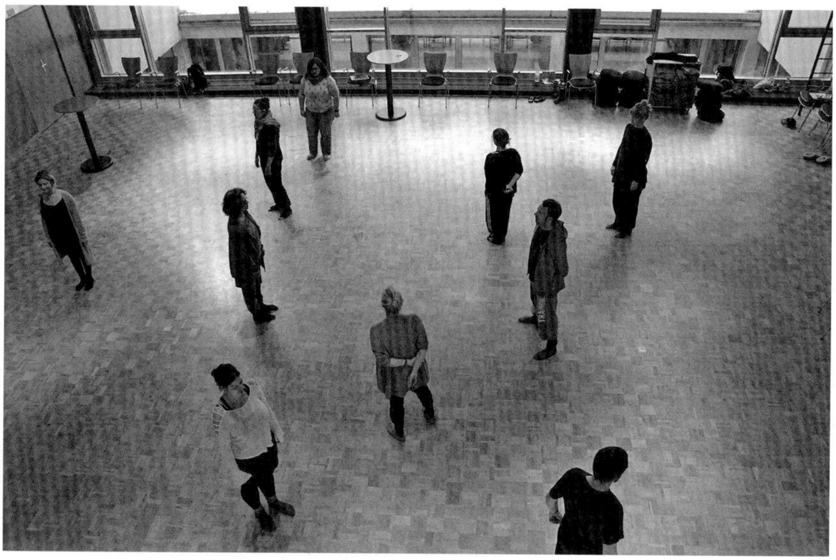

Insbesondere für Theater und Theaterpädagogik ist Gruppe unverzichtbar.

Was ist Gruppe?

Nach Rosenstiel, Molt und Rüttinger (1995) lässt sich Gruppe entlang folgender Merkmale definieren: Es sind mehrere Personen; sie stehen in direkter Interaktion; der Kontakt ist stabil; es existieren differenzierte Rollen; es gibt gemeinsame Regeln; es gibt ein „Wir-Gefühl"; es gibt ein gemeinsames Ziel oder Thema.

Gruppe stellt für uns eine wesentliche Ressource für Bildung und Lerngeschehen dar: Sie bietet Interaktionsraum, Anregung und Erfahrungsraum für

individuelles und soziales Lernen. Sie bietet Reflexionsraum für gemeinsame Konzepte und Verhalten ebenso wie zur Individuation und Profilierung. Insbesondere für Theater und Theaterpädagogik ist Gruppe unverzichtbar, da Theater qua Definition mehrere Personen und Perspektiven benötigt: „Ich kann jeden leeren Raum nehmen und ihn eine nackte Bühne nennen. Ein Mann geht durch den Raum, während ihm ein anderer zusieht; das ist alles, was zur Theaterhandlung notwendig ist" (Brook 1983).
Für die Entwicklung von Gruppen legen wir das Phasenmodell zur Teamentwicklung von Bruce Tuckman zugrunde (vgl. Tuckman 1965, ausführlich dargestellt in Stahl 2002). Er gliedert Gruppenprozesse in fünf Phasen, die für Gruppenverläufe typisch sind und somit jeweils unterschiedliche Kompetenzen und Interventionen der Leitung fordern:

1. Orientierungs-, Einstiegs-, Kontakt- und Findungsphase (Forming)
2. Konfrontations- und Auseinandersetzungsphase (Storming)
3. Kooperations- und Übereinkommensphase (Norming)
4. Wachstums- und Leistungsphase (Performing)
5. Abschieds- und Auflösungsphase (Adjourning)

Diese Phasen bauen nicht zwangsläufig aufeinander auf oder werden innerhalb jeder Gruppe alle durchlaufen. Das Modell ist jedoch eine sinnvolle Strukturhilfe, um bestimmte Prozesse zu verstehen und/oder zu steuern und zu begleiten.

Was ist Theaterpädagogik?

Theaterpädagogik hat in erster Linie das Ziel, die „Kunstform Theater" an Menschen zu vermitteln, die diese Kunstrichtung nicht professionell ausüben. Innerhalb dieses Prozesses werden gemeinsam mit einer Gruppe das methodisch-handwerkliche Rüstzeug und die Zeichen der darstellenden Kunst unter gleichermaßen künstlerischen wie pädagogischen Prämissen vermittelt und erprobt. Aus diesen Erfahrungen heraus können Inszenierungen unter ästhetischen und künstlerischen Aspekten betrachtet, gespielt, kreiert und reflektiert werden.

Theaterpädagogik ist für uns eine Disziplin der Verführung. Durch Theaterspielen im theaterpädagogischen Zusammenhang werden vornehmlich ästhetische Ausdrucksformen geschult. Außerdem wird das Reflexionsverhalten über Kunst vertieft und verfeinert.

In diesem Sinne macht Theaterpädagogik Theaterspiel zum wesentlichen Bestandteil von kultureller Bildung und trägt dazu bei, dass die Spielenden sich im Kontext von Welt vergewissern und verorten können. Die Auseinandersetzung mit literarischen, biografischen und gesellschaftlichen Themen im Schutz von Rollen und den Regeln von Bühne, ermöglicht durch die ästhetische Distanz ein ganzheitliches Experimentieren mit Werten, Haltungen und Seinsformen. Diese werden in spielerischen Interaktionen und Systemen erprobt und ausgelotet. Dadurch stellt der Möglichkeitsraum Bühne ein Erfahrungsfeld zur Verfügung, in dem Vergangenes, Gegenwärtiges und Zukünftiges spielerisch und exemplarisch ent- und verworfen werden darf (vgl. Anklam 2017, S. 466ff.).

Für die Theaterpädagog*in bedeutet eine theaterpädagogische Haltung, sich hauptsächlich auf die künstlerische Entwicklung Einzelner und der Gruppe zu konzentrieren. Dabei orientiert sich die Arbeit aber auch am Prozess, gibt Raum zur Mitgestaltung und entwickelt sich im Rahmen der persönlichen Fähigkeiten der Spielenden.

Die Theaterpädagog*in hat also die Aufgabe, im Rahmen des Systems, die Spielenden – über eine Vermittlung von (schau-)spielerischem Handwerk und dramaturgischem Denken – auf eine künstlerische Ebene einzuladen. Sie ist in ihrer Haltung gleichzeitig Lernende, Lehrende und Vermittelnde.

Was sind systemisches Denken und Handeln?

Systemisches Denken lässt sich mit Simon (2006, S. 12f.) folgendermaßen definieren: „Systemisches Denken verwendet Erklärungen, die sich aus der Systemtheorie ableiten lassen ... An die Stelle geradlinig-kausaler treten zirkuläre Erklärungen, und statt isolierter Objekte werden die Relationen zwischen ihnen betrachtet." Die Systemtheorie beschäftigt sich mit der Beschreibung von Systemen, ganz generell – dies können biologische, physikalische, soziale, organisationale oder familiäre Systeme sein, aber auch künstlerische oder mentale Systeme. Sie beruht auf einfachen erkenntnistheoretischen Annahmen, darunter auch explizite Beschränkungen der Verstehens- und Handlungsmöglichkeiten, die weiterführende Deutungen und Schlussfolgerungen zum Verhalten von Systemen erlauben. Ganz elementar lässt sich ein System identifizieren als Verbund von Elementen, die gemeinsam in Wechselbeziehung stehen und sich dadurch von den umgebenden Umständen, der sogenannten „Umwelt", unterscheiden.

Systemisches Denken ist also zunächst eine Betrachtungsweise, unter der sich Beobachtungen in Systemen ordnen lassen. Für Theaterpädagog*innen und Lehrende lassen sich hieraus keine rezepthaften Schlüsse für das Handeln ziehen. Simon (2006) formuliert Schlussfolgerungen hieraus bewusst als Denkanweisungen („zehn Gebote des systemischen Denkens") und nicht als Handlungsanweisungen. Systemisches Handeln muss jeweils situativ, unter Berücksichtigung von Kontexten, Rollen und Interaktion, neu entwickelt werden. „Systemiker*innen" beziehen konsequenterweise die

Subjektivität ihrer Wahrnehmung und Konzepte in ihr Handeln ein und ordnen ihre Beobachtungen in Form von Hypothesen. Diese bilden die reflektierte Grundlage für ihr Handeln, das sich häufig als Prozess von Versuch und Irrtum entlang von Interventionen, d. h. gezielten Anregungen und Irritationen des Systems, organisiert.

Systemisches Handeln steht unter der Annahme, dass es unmöglich sei, komplexe Systeme direkt und gezielt durch Eingriffe zu verändern. Die Veränderung geschieht jeweils intern selbstorganisiert, von außen können Interventionen als Irritationen, Impulse, Verflüssigungsangebote dazu anregen. Dieses Motiv werden wir auch auf unser Verständnis von Methoden anwenden.

Was ist systemische Theaterpädagogik?

Systemische Theaterpädagogik bezieht sich sowohl im künstlerischen als auch im pädagogischen Tun und Denken auf systemische Erkenntnisse und Prämissen. Dazu gehört die grundlegende Annahme, dass Menschen ihre eigenen Konstrukteur*innen von Wirklichkeiten sind.

Wir wollen uns hier auf ein Modell von systemischer Theaterpädagogik beziehen, das sich vor allen Dingen durch seine Lösungs-, Prozess- und Ressourcenorientierung auszeichnet. Dabei bilden Themen und Erkenntnisse aus der Systemtheorie und des Konstruktivismus die Grundlage für Haltung, Menschenbild und damit auch für Interventionen. Im Konstruktivismus wird Erkennen nicht als Repräsentation einer außerhalb des Subjekts liegenden Welt verstanden, sondern als ein Erkennen, das sich über das handelnde Konstruieren von Wirklichkeit durch das Individuum ereignet. Diese Annahme gilt gleichermaßen für soziale wie für theatrale Wirklichkeiten. Systemiker*innen haben in der Regel mehr Fragen als Antworten. Eine systemische Theaterpädagogik konstituiert sich vor allen Dingen aus spezifischen Beobachtungsperspektiven: Konstruktion (Erfinden), Rekonstruktion (Entdecken) und Dekonstruktion (Enttarnen) (vgl. Reich 2005, S. 118ff.).

Was sind Didaktik und Methodik?

Didaktik ist die „Lehre und Wissenschaft vom Lernen und Lehren in ihren Wechselbeziehungen sowie mit ihren Voraussetzungen und Bedingungen" (Tulodziecki, Herzig & Sigrid Blömeke 2017, S. 265–271). Man kann sie als Teilgebiet der Pädagogik auffassen, in dem es um das Lerngeschehen im engeren Sinne geht: Die Didaktik sucht konkrete Antworten auf Fragen nach Inhalten und Gestaltung von Unterricht bzw. Weiterbildung. Bereits seit dem Altertum wurden unterschiedlichste Vorstellungen hierzu entwickelt und zahlreiche verschiedene didaktische Modelle oder Konzepte formuliert. In der Regel liegt ihnen jeweils eine spezifische erkenntnistheoretische Perspektive oder ein bestimmtes Verständnis von Lernprozessen bzw. der Beziehung von Lehrenden und Lernenden zugrunde.

Einerseits geht es in der Didaktik um das „WAS", d.h. die konkrete Auswahl und didaktische Analyse des Inhalts, der in einem Lernprozess zu vermitteln ist. Dieser Ansatz entspricht im Wesentlichen der bildungstheoretischen Didaktik (vgl. etwa Klafki 1991). Hierbei spielt es eine bedeutsame Rolle, welches Gesamtziel der Bildungsprozess für die Lernenden verfolgen soll. Das „WAS" bestimmt das „WIE": Von den didaktischen Überlegungen lassen sich die konkreten Methoden als Verfahren, Lernen zu ermöglichen bzw. „äußerlich" zu gestalten, ableiten.

Hier geht es um konkrete Mittel und Verfahren, das Lernen durch „äußerliche Maßnahmen" zu beeinflussen und zu gestalten. Dies betrifft die Arbeitsform und Organisationsform (etwa Vortrag, Rechercheaufgabe, Referat, Experiment, Beobachtung, Diskussion, Rollenspiel etc.), die Sozialform (Einzel- oder Kleingruppenarbeit etc.) sowie die eingesetzten Medien (Literatur, Experimentiermaterial, neue Medien etc.). Das „Primat der Didaktik" bedeutet, das für eine geplante Lehr-Lern-Sequenz zunächst die didaktischen Überlegungen, wie oben skizziert, gewissermaßen die Strategie für den Lernprozess vorgeben – die genauen Lehr-Lern-Methoden und Interventionen werden daraus unter Berücksichtigung der organisatorischen Rahmenbedingungen abgeleitet. Diese Logik von Didaktik und Methodik kann auch für eine systemische Didaktik in theaterpädagogischen Prozessen gelten.

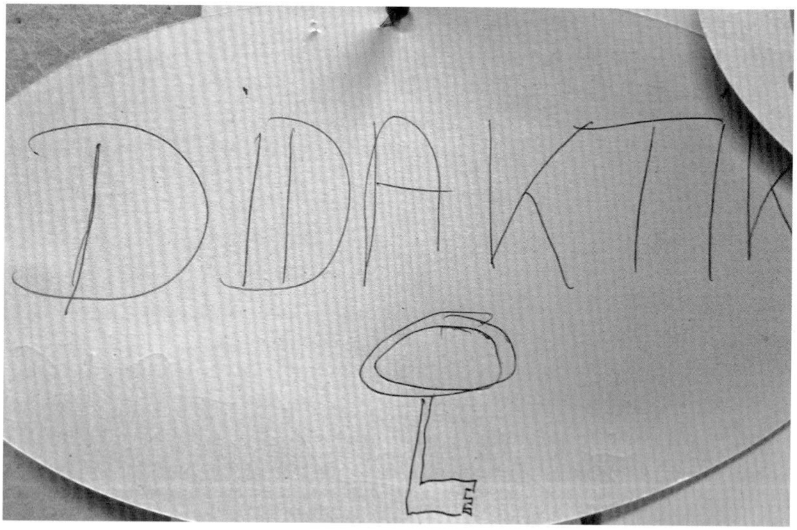

Didaktik als Schlüssel zum kompetenten Handeln?!

Inhaltlich geht es hier um eine didaktische Reduktion – der Systemtheoretiker Niklas Luhmann spricht in diesem Zusammenhang von Emergenzerfahrung, welche paradoxerweise durch die Reduktion von Denk- und Handlungsmöglichkeiten neue Denk- und Handlungsmöglichkeiten eröffnet, weil einzelne Elemente eines komplexen Denkgegenstandes sich anders zueinander verhalten können (vgl. Lohse 2011). Für Theaterpädagog*innen könnte das beispielsweise bedeuten, dass sie eine Textvorlage ganz ohne Worte durch ihre Gruppe spielen lassen, um die Komplexität zu reduzieren. Oder aber, dass aus einem komplexen Stoff oder Thema einzelne „Inseln der Klarheit" (vgl. Nickel 1992) herausgearbeitet werden und sich die Gruppe unabhängig von der „geografischen Lage" der jeweiligen Insel, d. h. von der Stelle im Stück, zu weiteren Inseln vorarbeitet.
Andererseits: Nicht zuletzt beschäftigt sich Didaktik seit den großen internationalen Bildungsstudien TIMSS oder PISA mit dem wirksamen Arrangieren von Lernprozessen. Nachdem sich die obengenannte Inhaltsdidaktik noch vorrangig mit der Fachlogik befasste, hat sich mittlerweile eine deutliche Orientierung an den Bedürfnissen von Lernenden durchgesetzt, soweit, dass lernpsychologisches und entwicklungspsychologisches Wissen für die Gestaltung der Lernprozesse herangezogen wird (vgl. etwa Aebli 1993). Hier soll insbesondere das konstruktivistische Lernverständnis hervorgehoben werden: Lernen geschieht nicht über einen Mechanismus wie bei dem vielzitierten „Nürnberger Trichter", also durch etwaiges Hineinschütten von Wissen in den Kopf der Lernenden. Wie Denken und Fühlen ist auch Lernen ein hoch individueller Konstruktionsprozess, in dem Wissen und Erfahrung als interpretierte individuelle Wahrnehmung und Erleben aufgebaut wird.

Was ist systemische Didaktik und Methodik?

Die Systemtheorie teilt mit dem Konstruktivismus die Grundannahme, dass im Prozess der Wahrnehmung keine „objektive" Realität abgebildet, sondern vielmehr eine relative und subjektive Wirklichkeit geschaffen, sprich konstruiert wird: In einer systemisch-konstruktivistischen Didaktik kann daher Wissen nur auf der Grundlage eigener subjektiver Erfahrung konstruiert werden – es kann nie als solches von einer Person zur anderen übermittelt werden. Die einzige Art und Weise, in der ein Organismus Wissen erwerben kann, besteht darin, es selbst aufzubauen, für sich selbst zu erwerben. Interessanterweise kann man diesen Mechanismus sowohl für Individuen als auch für Gruppen, Organisationen, Familien und andere Systeme anwenden.

Die Tätigkeit des Lehrens besteht also darin, die Umwelt der Lernenden so zu gestalten, dass dieser Wissenskonstruktionsprozess unter einem spezifischen fachlichen Ziel möglich wird und zu nützlichen Lernergebnissen führt. Arnold (2007, S. 114) spricht hier von „Didaktik dritten Grades", in Abgrenzung zur bildungstheoretischen Didaktik als erstem Grad mit dem Primat des Inhalts, und in Abgrenzung zur lehr-lerntheoretischen Didaktik mit dem Schwerpunkt auf Lerngeschehen als zweitem Grad: Systemisch-konstruktivistische Didaktik ist eine „Ermöglichungsdidaktik" unter Nutzung unterschiedlicher individueller Wirklichkeitskonstruktionen und prägt damit eine „Lernkultur pluraler Selbststeuerung".

Mit Piaget kann man für einen solchen individuellen Wissensaufbau grundsätzlich zwei Modi unterscheiden (vgl. dazu Oerter & Montana 2002): Den Prozess der Assimilation, bei der lernrelevante Erfahrungen in das bisher aufgebaute Wissen quasi „eingepasst" werden, und den Prozess der Akkommodation, bei der lernrelevante Erfahrungen die bisherigen Vorstellungen gewissermaßen übersteigen und daher einen wesentlichen und qualitativ neuen Wissensaufbau voranbringen. Letzteres ähnelt der „Perturbation" im systemischen Verständnis, also der Irritation oder Verstörung bisheriger Denk- und Verhaltensmuster.

Die Lehrende kann dies durch eine gezielte Intervention bewirken: Die Ausgestaltung einer Intervention als geplante Irritation bisheriger Denkmuster, die zu weiterführenden Lernprozessen anstoßen soll, ist Teil der systemischen Methodik. Mit dem hier angesetzten konstruktivistischen und lernprozessorientierten Lernverständnis kann man allerdings erwarten, dass die passend gewählten Methoden die Subjektivität der Erfahrungen, die Vielfalt der Perspektiven sowie die Partizipation und Aktivierung der Lernenden betont.

Eine systemische Didaktik ermöglicht jedem Lehrenden und Lernenden individuelle und aktive Konstruktionen von Wirklichkeit: durch Suche, Untersuchungen, Ausprobieren, Beobachtung, Reflexion und Verwerfungen. Nach Kersten Reich wird eine systemische Didaktik „als ein symbolisches System bestimmter pädagogischer Regeln des Unterrichts, der Übermittlung von Wissen, des Transfers von Zielen und Inhalten mittels Methoden und Medien in potentielle Verhaltensbereitschaften oder Informationsverarbeitungen von Lernenden" verstanden (Reich 2005, S. 265). Aus einer systemischen Perspektive heraus ergeben sich daraus verschiedene Anforderungen wie z.B. eine höchstmögliche Partizipation (auch bei der Festlegung von Inhalten und Beziehungen), Berücksichtigung von individuellen und kollektiven Bedürfnissen, Erfahrungen und Wirklichkeiten sowie eine Aktivierung und Stärkung der Eigenverantwortlichkeit bei allen im Lehr-Lernprozess Beteiligten. Wenn man davon ausgeht, dass die Aktivierung der Lernenden ein wesentlicher Faktor für den Lernerfolg ist (vgl. etwa Reyer 2004), leistet die systemische Didaktik einen Beitrag zu nachhaltiger Bildung im Sinne nachhaltiger Wirksamkeit.

Erfahrungsräume und Spielräume in einem Prozess der Selbstorganisation zu schaffen, ist ein Kernprozess einer künstlerischen, theatralen Lerngestaltung. Von der Theaterpädagog*in wird beispielsweise die eigene subjektive Wirklichkeitskonstruktion transparent gemacht und reflektiert, mit welchem Ziel und welchen Konzepten sie den Lehr-Lernprozess gestaltet. Dabei ist neben der Inhaltsebene auch immer die Beziehungsebene eine wichtige Haltungs- und Handlungsdimension. In diesem Rahmen können Interventionen zwar nicht vorhersagbare, aber zielbezogene Veränderungen von Denkmustern, Deutungsmustern und Verhalten unterstützen.

Was ist Kompetenz?

Die obigen Überlegungen zu Lernprozessen beziehen sich auf intendiertes Lerngeschehen, also Lernen zum Zweck. Lernen bedeutet im hier dargestellten Sinne individuelle internale kognitive und emotionale Prozesse. Diese sind von außen beeinflussbar, aber nur mittelbar steuerbar und zielgerichtet. Damit dies zu einem sinnvollen Geschehen auch in einem fachlichen Kontext werden kann, muss ihr Ergebnis am Ende eine nach außen gerichtete Veränderung in Erleben, Denken und Verhalten hervorbringen – sonst wäre sie im fachlichen Sinne nutzlos oder auch gar nicht als Lernergebnis festzustellen.

Erpenbeck und Rosenstiel (2003) unterscheiden als mögliche Ergebnisse eines erfolgreichen Lernprozesses:

1. Wissen, d.h. reproduzierbares Faktenwissen, Sachkenntnis
2. Fertigkeiten als einfache, routinierbare Handlungsschemata, die in einer umschriebenen Situation passen
3. Kompetenzen als komplexe Handlungsmuster, die situativ ausgewählt und abgestimmt werden müssen

Für theaterpädagogisches Handeln ist zweifelsohne auch Wissen erforderlich, z.B. über Theaterformen und -ästhetiken, pädagogische Kenntnisse oder Informationen über die Teilnehmenden sowie Fertigkeiten, z.B. zu einer Gruppe zu sprechen, eine Inszenierung zu organisieren oder Absprachen mit und zwischen verschiedenen Gewerken zu treffen.

Im Wesentlichen sind für Theaterpädagog*innen und auch deren Zielgruppen jedoch Kompetenzen das Ziel und Ergebnis aller Lernprozesse: „Kompetenzen sind die Fähigkeiten, in unerwarteten, (zukunfts-)offenen, manchmal chaotischen Situationen kreativ und selbstorganisiert zu handeln." (ebda.) Oder auch: „Kompetenzen liefern die Basis für das Generieren oder ‚Erfinden' von Aktivitäten; sie ermöglichen einen flexibleren Umgang mit den jeweiligen situativen Bedingungen einer Problemsituationen."

(Krapp, Prenzel & Weidemann 2001, S. 22) Erpenbeck und Rosenstiel (2003) differenzieren hier außerdem noch Basis- und Schlüsselkompetenzen.

Eine Kompetenz, verstanden als erworbene Fähigkeit einer Person, eine bestimmte Aufgabe ausführen zu können, grenzt sich ab von der Disposition als potenziell verfügbare Verhaltensweise. Die Kompetenz kann man als Fähigkeit niemandem „von außen ansehen", sie wird erkennbar als Performanz, im Sinne einer tatsächlichen und erfolgreichen Ausführung einer entsprechenden Aufgabe.

Im pädagogischen Zusammenhang sowie auch in systemischen Kontexten wird häufig der Begriff „Ressource" genutzt. Wir schlagen hierzu folgendes Begriffsverständnis vor: Ressourcen sind alle inneren oder äußeren Gegebenheiten, die man für sich oder andere vergegenwärtigen bzw. wirksam machen kann. Dies können Gefühle, (Lern-)Erfahrungen, Wünsche, Bedürfnisse, Ideen, Stärken, Schwächen, Aufgaben, Rahmenbedingungen, Begrenzungen, Geldmittel, Netzwerke, Methoden etc. sein.

Wir folgen Gunter Schmidt (vgl. Schmidt 2005) bzgl. des Zusammenhangs zur Kompetenz: Eine Ressource wird zur Kompetenz (bzw. trägt dazu bei), wenn sie situativ und zielbezogen verwendet wird (unabhängig von Erfolg oder Erreichung des Ziels).

Was ist Haltung?

Das Ziel und Ergebnis von Lernprozessen sollte in unserem Sinne der Aufbau von Kompetenzen sein. Damit wird schnell deutlich, dass es keine „absolute" Kompetenz geben kann – es geht ja um die situativ abhängige Gestaltung von komplexen Handlungen. Dies kann sowohl für das Handeln kompetenter Theaterpädagog*innen gelten als auch für die Lernergebnisse der Teilnehmenden in einem von ihnen angeleiteten oder erfahrenen Prozess.

Für angemessenes und wirksames Handeln braucht es einen Orientierungsrahmen, der die situative Komplexität ordnen und einschätzen hilft. Ein solcher Orientierungsrahmen bezieht nicht nur fachliche Konzepte ein, sondern impliziert auch persönliche Werthaltungen und Entscheidungen. Wir möchten dies als „Haltung" definieren: Eine Haltung ist eine konzeptionell begründete Zielvorstellung über die eigene Rolle in einem spezifischen Setting (z. B. theaterpädagogisches Projekt). Sie definiert die Handlungsmöglichkeiten in Bezug auf die reflektierten Werte. Haltung bildet die Voraussetzung für bzw. ist Teil der Kompetenz: Sie ist entscheidend für die Wahrnehmung und Interpretation einer komplexen Situation, den Entwurf und die Bewertung unterschiedlicher Handlungsmöglichkeiten, prägend für die Entscheidung und genaue Ausführung der intendierten Handlung – also auch der Methodenwahl und -anwendung.

Unter „Systemiker*innen" gilt die Haltung als spezifisch systemische Weise, Systeme und deren Verhalten zu betrachten, als zentrale Kompetenz. Barthelmess (2016, S. 27) identifiziert vier wesentliche Grundhaltungen: „Ich verwende für einen systemischen Professionellen den Begriff der Expertise, um zu beschreiben, dass er gleichsam jenseits von Fachwissen und Kompetenz eine verinnerlichte Haltung des Nichtwissens, Nichtverstehens, Eingebundenseins und Vertrauens wirken lassen kann. Systemische Expertise drückt sich in Grundhaltungen aus."

Was ist ein Profil?

Wenn schon das Lernen einzelner Kompetenzen ein hochindividueller Prozess ist, so kann umso mehr gelten, dass das „Gesamtpaket" einer umfassenden Qualifikation zu einer professionellen Rolle eine sehr persönliche und individuelle Handschrift trägt. Zwei Theaterpädagog*innen, die dieselben Weiterbildungen absolvieren, werden am Ende doch nicht dasselbe gelernt haben. Aufgrund ihrer individuellen biografischen und professionellen Lernerfahrungen, unterschiedlichen Werthaltungen und persönlichen Stärken werden sie deutlich unterscheidbare Profile ausbilden. Wir möchten Profil auffassen als persönliches Repertoire an fachlichen und sozialen Kompetenzen, relevanten Haltungen, Erfahrungen mit spezifischen Methoden, Referenzen oder Entscheidungen sowie persönlichen Stärken für spezielle Arbeitsweisen. Ein solches Profil sollte während einer umfassenden Weiterbildung reflektiert und als ständig in Entwicklung begriffen werden. Es erlaubt nicht nur eine kompaktere Darstellung der eigenen Kompetenzen, Arbeitsweisen und Erfahrungen, z.B. für den Kontakt mit anderen Professionellen oder Teilnehmenden, sondern kann wiederum als Orientierungsrahmen die eigenen Handlungsoptionen beurteilen helfen.

Was ist neu?

Wir haben die Theaterpädagogik nicht erfunden. Wir möchten die Theaterpädagogik methodisch und didaktisch in einen neuen Rahmen setzen, der es erlaubt, Theaterspielen und Inszenieren individuell und in seiner ganzen Vielfalt zu erlernen. Wir können immer wieder beobachten, dass selbst formal gut ausgebildete Theaterpädagog*innen sich vorrangig mit der Frage nach „der richtigen Methode" beschäftigen und gleichzeitig davon überfordert scheinen, einen Lernprozess tragfähig zu gestalten. Wir stellen fest, dass viele theaterpädagogische Weiterbildungen sich darauf beschränken, Methoden zu vermitteln und den Transfer für verschiedene Kontexte und Anlässe unberücksichtigt lassen. Das führt dann beispielsweise dazu, dass

Teilnehmende sich nicht in der Lage fühlen, eine Methode auf ein anderes Setting zu übertragen, oder die Methode für unbrauchbar halten, wenn sie nicht genau so funktioniert, wie sie diese im Rahmen der Weiterbildung gelernt haben.

Wir möchten an unsere eingangs formulierte Kernthese anknüpfen, dass nicht „die richtige Methode" einen wirksamen Lernprozess prägt, sondern das kompetente Handeln der Theaterpädagog*in. Dies erfordert eine entwickelte und reflektierte Haltung der Theaterpädagog*in. Wir haben nichts gegen gute Methoden. Allerdings: Methode ohne Haltung fruchtet nicht. Das Schlagwort „systemisch" scheint derzeit in aller Munde – nur eine Mode? Systemisches Denken und Handeln ist in vielen Feldern gut etabliert: Beratung, Therapie, Organisationsentwicklung, Teamentwicklung, Coaching, Supervision – weil es ein wirksames Handeln mit komplexen Systemen ermöglicht. Auch in der Pädagogik gibt es immer wieder systemische Ansätze, sie entsprechen einem konstruktivistischen Lernverständnis. Dort, wo das Etikett „systemisch" gebraucht wird, lohnt es sich, jeweils zu schauen, was genau darunter formuliert und verstanden wird, denn es werden viele unterschiedliche Auffassungen und Schwerpunkte vertreten. Und manchmal ist „systemisch" auch nur eine Worthülse, die werbewirksam eingesetzt wird.

Nur sehr wenige Weiterbildungsinstitute im theaterpädagogischen Feld reflektieren und benennen explizit ihre Grundhaltungen und Annahmen als Referenzrahmen (wie zum Beispiel in der anthroposophischen Pädagogik). Wir gehen einen anderen, nach unserer Auffassung neuen Weg und nehmen den Referenzrahmen „systemisch" als Ausgangspunkt unserer Überlegungen – für eine transparente, kompetente und wirksame Praxis.

Und jetzt?

Aus all diesen Zutaten werden wir unsere Idee einer spezifischen Fachdidaktik für die Theaterpädagogik entwickeln. Diese wird im besten Fall hilfreich für deine konzeptionelle und praktische Arbeit sein. Sei es, weil du uns widersprichst oder weil du unseren Gedanken folgen kannst und diese anschlussfähig für deine individuelle Wirklichkeit als Theatermachende*r erscheinen.

B. Fragen und Hypothesen

An dieser Stelle erkunden wir die Figuren und Begriffe unseres Dramas und versuchen, über das zentrale Erkenntnismoment des Menschen, nämlich über Fragen und Hypothesen, den Charakteren ein wenig mehr auf die Spur zu kommen.

Fragen zum Transfer

- Welche Arten von Lernprozessen waren für dich nachhaltig, lustvoll, sinnvoll? Was genau hat diesen Eindruck geprägt?
- Wie willst du dein theaterpädagogisches Profil beschreiben? Welche fachlichen Erfahrungen, Kompetenzen, Stärken, Arbeitsweisen bringst du ein? Welche möchtest du (weiter-)entwickeln?
- Wo ist dir professionelle Haltung bereits begegnet? Wie hat sich die Haltung auf Kontakt und Prozess ausgewirkt? Wer könnte dir diesbezüglich ein Vorbild sein?
- Welche Ressourcen bringst du in deine professionelle Rolle mit ein? Welche Kompetenzen sind damit verbunden?
- Was leitet dich in Projekten oder in Lehr-Lern-Szenarien? Auf welcher Grundlage fällst du Entscheidungen, welche Ressourcen nutzt du für Improvisation? Wie gehst du mit Querschlägern um? Wie flexibel kannst du zwischen Planung und Situationsanforderung hin- und herschalten? Was bedeutet für dich scheitern?
- Wie gelingt es dir, Raum für Gruppenprozesse und Selbstorganisation zu geben? Welche Lernerfahrungen kannst du daraus ziehen?
- Wo kannst du unterschiedliche Wirklichkeitskonstruktionen identifizieren? Was bedeutet die Unterschiedlichkeit dort für die Interaktion? Wie würdigst du die Unterschiede und Subjektivität?
- Wie gestaltest du Anfänge? Welche Rahmenbedingungen sind für dich von besonderer Bedeutung?
- Welche Lernkultur etablierst du? Wie gelingt dir das? Wie stützen deine Methoden die angestrebte Lernkultur?
- Welche Erfahrungen hast du mit der Rhythmisierung von Lernprozessen zwischen Stabilisierung und Anregung gemacht?

(Hypo-)Thesen zu den definierten Begriffen

Die folgenden Hypothesen enthalten Einladungen und vielleicht auch Irritationen, die dich dazu verführen sollen, diese aktiv und selbstorganisiert zu hinterfragen, zu verwerfen und ganz neu zu denken.

- Didaktik ist für mich das A und O in der Theaterpädagogik.
- Methodik ist für mich das A und O in der Theaterpädagogik.
- Didaktik wird in der Theaterpädagogik überwertet.
- Das WAS beeinflusst immer das WIE.
- Eine Handvoll Übungen reicht für die theaterpädagogische Arbeit aus.
- A ist nicht gleich B.
- Nur eine Theaterpädagog*in kann, was eine Theaterpädagog*in kann.
- Scheitern gehört zur Strategie der Theaterpädagogik.
- Nur Spielen ist keine Theaterpädagogik.
- Spielen und Lernen schließen einander aus.
- Wissen wird nur auf der Grundlage eigener Erfahrung konstruiert.
- Der erfahrende Erwachsene hat seine Erwartungen ans Leben zurechtgestutzt.
- Die Theaterpädagog*in ist (nicht) immer der/die Gebende.
- Man kann sich nicht nicht verhalten.
- Jede Pädagog*in hat ein Menschenbild, das sein/ihr Planen und Handeln bestimmt.
- Eine eindeutige Definition von Theaterpädagogik ist unmöglich.
- Das Gegenteil von Spiel ist nicht Ernst, sondern Wirklichkeit.
- Theaterspiel ist eine Methode.
- Theaterspiel ist der Lerngegenstand.
- Theaterspiel ist ästhetische Praxis, die Erfahrung ermöglicht und dadurch einen Lernprozess.
- Theaterarbeit ist ein komplexer, oft widersprüchlicher Vorgang in sozialer und ästhetischer Hinsicht.
- Spielerische Lösungen sind nie falsch oder richtig, sondern nur wirkungsvoll oder -schwach, an- oder unangemessen …
- Theaterprozesse sind immer zielgerichtet.
- Es kommt nicht auf das Produkt, sondern den Prozess an.
- Systemisches Denken ist eine Einladung zur Beliebigkeit.
- …

Und? Was denkst du hierzu? Hast du Einwände? Regt sich innerer Protest? Stimmst du zu? Über- oder unterfordert dich die ein oder andere Hypothese? Bist du überrascht? Gelangweilt? Empört? Angeregt? Wie auch immer deine Reaktion sein mag – nimm sie wahr und nimm sie ernst! Im besten Fall verführen dich deine Resonanzen zu einem Suchprozess, der deine eigenen Hypothesen freilegt oder untermauert. Welche Fragen willst du jetzt stellen? Im zweitbesten Fall liest du einfach weiter …

Lehrende und Lernende

Wir gehen in unseren Ausführungen von der Tatsache aus, dass alle am theaterpädagogischen Prozess Beteiligten immer Lehrende und Lernende sind; d. h. auch die Theaterpädagog*in lernt beim Anleiten, die Angeleiteten lernen Neues und lehren und ermöglichen allen Teilnehmenden inklusive sich selbst neue Erkenntnisse und Erfahrungen. Wesentlich ist unseres Erachtens nach ein Bewusstsein dafür, wann aus welcher Perspektive heraus im Prozess gedacht und gehandelt wird. Auf welcher Ebene befindest du dich wann? Welche Rolle „spielst“ du wann? Z. B.:

Theaterpädagog*in (TP)	Teilnehmende (TN)
TP reflektiert eigene Praxis lernt/schreibt auf ↓	
TP als Autor*in stellt Gedanken zur Verfügung/lehrt ↓	
TP als Lesende lernt →	
	TP als Spielleitung im Prozess setzt Gelerntes um/leitet an ↓
	TN macht Erfahrung/lernt ↓
	TN teilt Erfahrung/lehrt ←
TP geht in Resonanz mit TN, reflektiert eigene Praxis ↓ lernt/schreibt auf/lehrt↑	
TP reagiert auf TN setzt Gelerntes um/lehrt →	
	TN macht Erfahrung/lernt ↓ ...

Didaktische Überlegungen für die Forming-Phase

Das Ziel einer Anfangssituation im Rahmen eines theaterpädagogischen Kontextes besteht in erster Linie darin, Sicherheit, Vertrauen und Spielräume zu schaffen, in der jede*r sich zeigen und/oder verstecken darf. Hilfreich ist hier, Formen anzubieten, die einzelne Teilnehmende schützen und die Gruppe gemeinsam und spielerisch an Grenzen heranführen. Niemand sollte sich zu Beginn eines Gruppenprozesses mit einer neuen Aufgabe exponieren müssen. Eine angstfreie, fehlerfreundliche Atmosphäre, die auch lustvolles Scheitern ermöglicht, ist eine wichtige Basis auch für die Exploration eines jeweiligen Themas.

Hypothesen für die Forming-Phase

... in Bezug auf die Teilnehmenden und auf die Theaterpädagog*in:

- Neue Situationen erzeugen Unsicherheit.
- Gemeinsames Erleben und Aktivität verbindet – egal, ob gemeinsamer Erfolg oder gemeinsames Scheitern!
- Gemeinsames Lachen entkrampft.
- Ein Anfang kann symptomatisch für das Ganze sein.
- Jede*r will in ihrer und seiner Individualität gesehen werden.
- Jede *r will die Möglichkeit haben, nicht gesehen zu werden.
- Jede*r will den Rahmen (Zeit, Inhalt, Pausen etc.) kennen, um sich sicher fühlen zu können.
- Jede*r will verstehen und verstanden werden.
- Jede*r will kooperieren.
- Jede*r will gemocht werden.
- Jede*r hat ein eigenes Tempo.
- Jede*r bringt eigene Erfahrungen, Aggregatzustände, Sicherheiten und Unsicherheiten mit.

Didaktisch-methodische Prinzipien, die hilfreich sein können

- Alle machen alles.
- vom Allgemeinen zum Speziellen
- vom Vertrauten zum Fremden
- vom Einfachen (Reduktion von Komplexität) zum Komplexen (Erhöhung von Komplexität)
- Wohldosierte (!) Überforderung schaltet die inneren Zensor*innen aus.
- Kreisform bietet Sicherheit (alle sehen alle, alle sind mit allen verbunden).

- Anschlussfähigkeit von Angeboten zur jeweiligen Zielgruppe beachten und herstellen (bspw. in gewohnter Sitzordnung beginnen).

Exkurs: Warm-up

Im Rahmen der Theaterpädagogik-Ausbildung an der Akademie der Kulturellen Bildung des Bundes und des Landes NRW wurden die Teilnehmenden zu Beginn einer Kurswoche „Systemische Didaktik und Methodik“ eingeladen, in Kleingruppen geeignete Einstiegsmethoden für Gruppen zu entwickeln und diese anschließend mit den anderen Gruppenteilnehmenden durchzuführen. In der Reflexion lag der Fokus darauf, welche Sequenzen, Momente und Übungen als besonders hilfreich und angenehm für den Einstieg erlebt wurden. Hierbei wurden vornehmlich die Momente als besonders kohäsiv erlebt, die mit Irritation, Chaos, Lachen über Fehler und Stolpern verbunden waren.

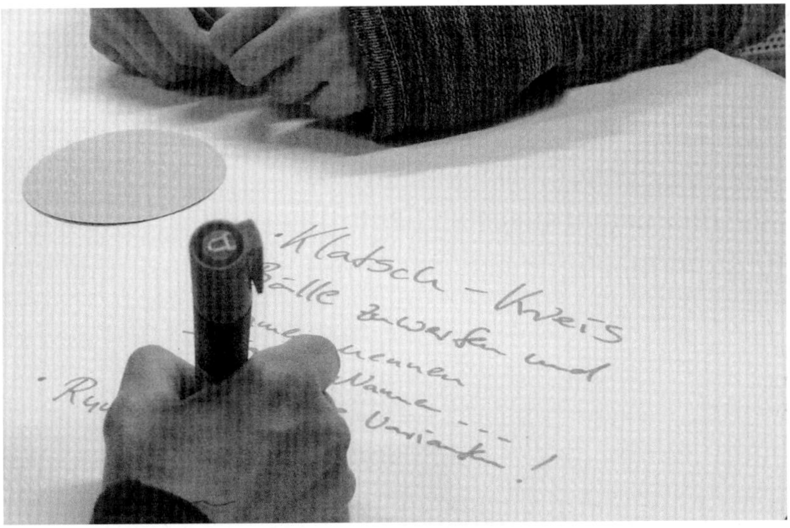

Ein Warm-Up bereitet alle körperlich und mental auf die Arbeit vor.

Nach jedem Akt wollen wir – wie vorweg angekündigt – eine kleine Haltestelle einlegen. Hierbei geht es darum, dass du dir Zeit nimmst, innezuhalten, aus dem Autopiloten auszusteigen, Dinge sacken zu lassen und zu reflektieren. Beginnen wir also nun mit Haltestelle I.

Haltestelle I: Durchatmen und Kopf frei machen

Nach so viel Theorie und Begriffswirrwarr nimm dir jetzt Zeit, den Kopf wieder freizubekommen. Die Übungen helfen dir, durchzuatmen …

Ü

Breathing Space

Der „Breathing Space" ist eine Übung aus dem Achtsamkeitstraining und überall leicht durchzuführen. Im Sitzen, Stehen oder Liegen. Wesentlich ist eine bewusste, aufrechte Haltung. Wenn du magst, schließe dabei deine Augen.

Wie bei einer Sanduhr breitet sich deine Achtsamkeit zunächst eine Minute lang auf deinen gesamten Körper aus, der als Raum im Raum da ist. Nimm alles an und in ihm, wie es jetzt ist, wahr, ohne zu bewerten. Hilfreich können Fragen sein wie: „Was nehme ich im Moment wahr … Gedanken … Gefühle … körperliche Empfindungen?" oder innere Formulierungen, wie etwa: „Da ist ein Zwicken im linken Knie", „Da ist ein Gefühl von Erschöpfung" usw.

Danach zieht sich der Fokus deiner Aufmerksamkeit auf die Atmung zusammen. Eine Minute lang ist dein Atem das alleinige Zentrum deiner Beobachtung. Verändere ihn währenddessen in keiner Form, nimm ihn ausschließlich so wahr, wie er im Moment ist. Jedes Einatmen, jedes Ausatmen, so wie es aufeinander folgt. Dein Atem dient als Anker, um deine Aufmerksamkeit immer wieder sanft in die Gegenwart zurückzubringen.

In der letzten, dritten Minute weitet sich dein Gewahrsein wieder auf deinen atmenden Körper als Ganzes, die eigene Haltung und den Gesichtsausdruck aus.

Ü

Den Kopf frei tanzen

Mache laute Musik an und bewege dich frei zu deinem absoluten Lieblingslied. Ganz nach dem Motto: „Tanze, als würde dich niemand sehen, singe, als würde niemand zuhören und lebe, als wäre der Himmel auf Erden!" (Mark Twain).

Ü

Fragen und Assoziationen sammeln

Schreibe alle Begriffe und Sätze auf, die aus dem ersten Akt in dir hängen geblieben sind bzw. Fragen, die sich entwickelt haben. Folge dabei der Annahme: Es setzt sich durch, was sich durchsetzen will. Bewerte nicht, sortiere nicht, lass diese Worte, Sätze und Fragen einfach so stehen. Vielleicht ist es günstig, für jeden Gedanken einen eigenen Zettel zu verwenden, sodass dein eigenes Gedankenpuzzle entsteht, auf das du später noch einmal zurückgreifen kannst.

2. Akt: Aufsteigende Handlung – Bezüge herstellen

Auch ein Chaos benötigt souveräne Rahmenbedingungen.
M. G. Reisenberg

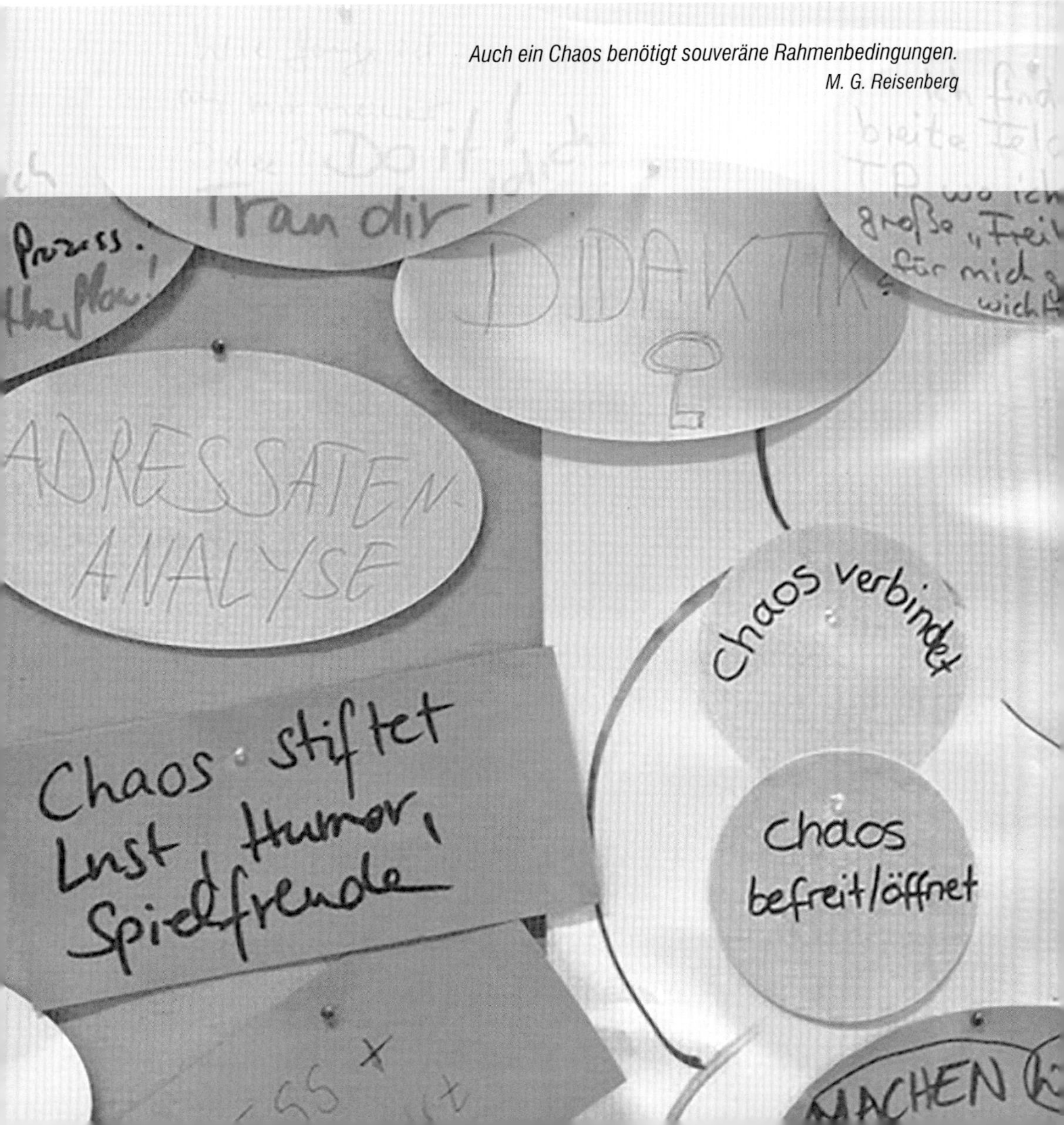

A. Bestehende Modelle auf die Theaterpädagogik übertragen

Didaktisches Dreieck & Co.

Ein Dreieck ist ein Dreieck ist ein Dreieck.
Es hat drei Ecken.
Teilnehmerin

Nachdem du in der Exposition die Protagonist*innen unserer „Haltungs-Inszenierung" kennengelernt hast, nähern wir uns der aufsteigenden Handlung des zweiten Aktes. Hier treten die Grundbegriffe in Beziehung zueinander und es entstehen inspirierende, anregende Spannungen und Systeme, welche den „Problemgehalt" unseres Themas weiter entfalten oder – systemisch ausgedrückt – Themen mit Herausforderungscharakter beinhalten.

Dynamisch gesehen, zeigt sich in diesem Akt die „Storming"-Phase, in der sich die Ensemblemitglieder darüber streiten, wer oder was hier Priorität hat. Innerhalb dieser Diskussion erfolgen erste Abstimmungen darüber, wohin das Ganze steuern kann und welche Bedeutung dabei einzelne didaktische Elemente und Fragestellungen haben. Das ist auch unser Anliegen für diesen Akt.

Immer schon hat sich die Didaktik mit Fragestellungen zu lernenden und lehrenden Menschen, ihren Zielanliegen, den Inhalten und ihren Vermittlungsaspekten beschäftigt und dabei eine Vielzahl von Modellen entwickelt (vgl. Roth-Lange 2017, S. 95ff.).

Wir nutzen zunächst das bekannte, klassische Modell des didaktischen Dreiecks und übertragen die theaterpädagogische Situation auf dieses Beziehungsfeld. Das didaktische Dreieck visualisiert die äußerste Reduktion des Gegenstandes der Didaktik und bildet die Beziehungen zwischen Lehrenden (Lehrer*in), Lernenden (Schüler*in) und Lerngegenstand (Stoff/Wissen) ab. Auf geht's. Stell dich also erst einmal ganz dumm, denn wir beginnen mit der ganz einfachen (Projekt-)Überschrift über das Ganze:

Wir möchten ein Bild gestalten von der (Fach-)DIDAKTIK der Disziplin THEATER+PÄDAGOGIK; ausgehend von unserem zuvor definierten Verständnis (Akt 1).

Dazu nutzen wir das didaktische Dreieck. In diesem stehen zunächst ein*e Lehrende*r und ein*e Lernende*r in Interaktion/Kommunikation. Diese Personen ersetzen wir durch die Theaterpädagog*in (TP) und die Teilnehmende (TN) unseres theaterpädagogischen Projektes. Indem wir dieses tun, entstehen sofort erste Fragen: In welcher Art von Beziehung stehen diese Zwei? Im Unterricht wird oft davon ausgegangen, dass zwischen Lehrender, hier also der Theaterpädagog*in oder auch Spielleiter*in (SL) und der Lernenden/Teilnehmenden ein hierarchisches oder zumindest komplementäres Gefälle besteht: Die Lehrende ist die Wissende, die mittels Anleitung/Unterricht ihr Wissen an die Lernende weitergibt. Die Lehrende ist also eine „Mehrwissende". Die Lernende eignet sich mithilfe gewisser Dispositionen dieses Wissen an. „Der Schüler steht dabei, wenn man so will, nicht als ‚ganzer' Mensch im Mittelpunkt, sondern vor allem in seinen Aneignungsdispositionen." (Klepacki & Zirfas 2013, S. 42)

T

Das wäre in etwa so, als wenn die TP einen Didaktikbegriff als relevant vorgibt, den sich die TN dann aneignen müssten, ohne ihre eigene Haltung dazu hinterfragen zu dürfen. Aufgrund der Vorauswahl entscheidet die TP in diesem Beispiel über richtig oder falsch. Lernende sind hier eher gezwungen, ein vorgegebenes Lernangebot zu akzeptieren.

Dieser Auffassung folgen wir ganz und gar nicht. Wir behaupten stattdessen, dass beide Menschen, die am theaterpädagogischen Prozess beteiligt sind, auf gleicher Ebene, also in einer symmetrischen Beziehung, zueinanderstehen und sowohl Lernende als auch Lehrende sind und sich innerhalb des gemeinsamen Prozesses neues Wissen aneignen. Somit verläuft die Lehr-Lernsituation wechselwirkend, indem alle Teilhabenden auf Augenhöhe partizipieren und den Prozess mitgestalten. Diese Form der Gleichberechtigung meint dabei nicht, dass alle alles können oder machen müssen; aber sie befinden sich in einem Raum, der alle Möglichkeiten bereithält. In der Praxis können so im Rahmen einer sinnvollen Arbeitsteilung die Fähigkeiten Einzelner und der Gruppe konstruktiv eingesetzt werden.

T

Wie im Beispiel des Didaktik-Slams (S. 90) werden zum Beispiel verschiedene Sichtweisen von Didaktik angeboten, und die TN erarbeiten sich dazu eine eigene Haltung. Durch diese Form der aktiven Auseinandersetzung übernehmen sie selbst Verantwortung für ihren Lernprozess. Als TP gehst du wiederum mit diesem Lernprozess und den individuellen Haltungen der TN in Resonanz und bist dazu eingeladen, deine eigene Ansicht zu hinterfragen und als Lehrende im besten Fall ebenfalls Neues zu lernen. Es besteht dabei die Herausforderung, mit anderen Haltungen zum Lerngegenstand umgehen und diese – wenn gewünscht – akzeptieren zu können.

Es bleibt zu klären, was diese Menschen in den gemeinsamen Prozess einbringen: Welche Erwartungen haben sie? Welche Kenntnisse und Ressourcen? Welche Grenzen? ... Beziehungen und Haltungen zueinander lassen Dynamiken entstehen ... Unterschiedliche Persönlichkeiten mit unterschiedlichen Wirklichkeiten treffen aufeinander, nötige Voraussetzungen müssen geklärt, mögliche Fähigkeiten ausgelotet werden ... Menschen treten als Einzelne, aber auch als Gruppe auf ... Dazu später mehr.

Ü

Übung: Beziehung zwischen Lernenden und Lehrenden spielerisch erforschen

Folgende Reflexionsfragen kannst du dir mit deinen TN stellen:

- Welche Beziehungsmodelle im obigen Sinne fallen dir ein/hast du erlebt?
- Welche Erfahrungen hast du damit gemacht?
- Wo gab es kontextspezifische Unterschiede im formellen und informellen Lernen?
- Welche Modelle, Situationen waren für dich in deiner Rolle als Lernende oder Lehrende sinn- und wertvoll?

Die Beispiele, die euch einfallen, könnt ihr mit den Methoden des Forum- oder Playbacktheaters durchspielen (vgl. Boal 1989; Salas 2012); vielleicht wählt ihr dazu die Worst- bzw. Best-Case Momente aus. Im Anschluss folgt ein Austausch, um daraus z.B. eine Top-Drei der nützlichsten Erfahrungen in Bezug auf Lehr-/Lernsituationen festzuhalten. Auch Übungen zu Hoch- und Tiefstatus können -hier hilfreich sein (vgl. Johnstone 1995). Interessant ist es, verschiedene Interaktionsformen als Gruppe spielerisch abzubilden, indem man eine Person frontal einer großen Gruppe gegenüberstellt oder in Kontrast dazu, sich die gesamte Gruppe frei im Raum formieren und dabei frei kommunizieren kann.

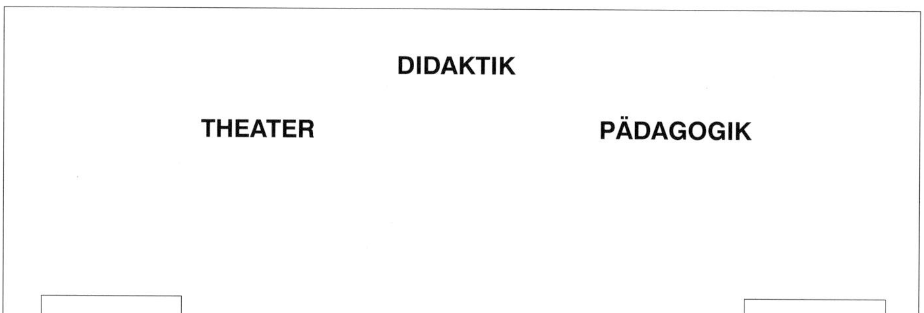

Ganz basal: Theaterpädagog*in und Teilnehmende stehen in Interaktion miteinander.

Als drittes didaktisches Element fügen wir dem Dreieck die SACHE hinzu, die gelehrt und gelernt wird, das Lernziel, den Inhalt, das WAS! Was wird innerhalb des theaterpädagogischen Prozesses vermittelt? Ist das Theater Lehrinhalt oder Lernmethode? Oder beides? Ist es Bildung zum Theater oder durch Theater oder für Theater?

Nun stehen in dem abgebildeten Möglichkeits-, Handlungs- und/oder Spielraum MENSCH und SACHE in einem Beziehungsfeld. Gemeinsam treten sie in einen Prozess. Aus der Sicht des Theaters ist es ein Prozess zur Gestaltung theatraler Wirklichkeit, in dem Spiel dementsprechend zweckgebunden eingesetzt wird. Ob und welches Ziel dieser Prozess hat, bleibt noch offen.

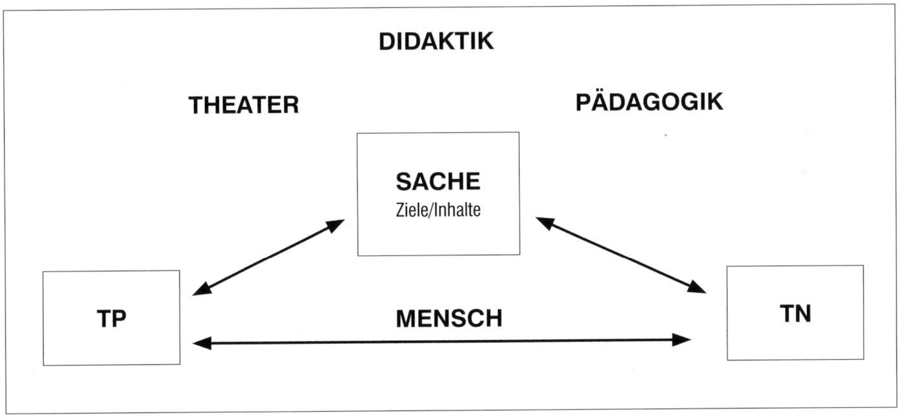

Mensch und Sache begegnen einander.

Dieser Gestaltungsprozess geschieht unter Anleitung bzw. Begleitung einer Theaterpädagog*in mit verschiedenen Teilnehmenden und Zielgruppen für Adressat*innen/Zuschauende, zu verschiedenen Inhalten, Arbeitsgegenständen und Themen.

Aus der Sicht der Pädagogik arbeiten also Menschen mit Menschen für Menschen über Inhalte, die Menschen betreffen.

Es ist dringend notwendig, für diesen Prozess klare Strukturen, Regeln und Formen anzubieten, um einen Rahmen für das Tun zu schaffen, einen Handlungs- und Spielraum zu gestalten, der alle Freiheiten zur theatralen Gestaltung bietet und trotzdem alle Einsichten in Notwendiges berücksichtigt. Hier bist du nun mittendrin im Thema Didaktik. WAS brauchst du als Theaterpädagog*in für diesen Gestaltungsrahmen, für diesen Spielraum? WAS musst du für deinen theaterpädagogischen Prozess im Blick behalten? Wir schlagen vor:

Du definierst ein klares Ziel.
Du bestimmst Inhalte.
Du behältst die sozialen Strukturen und Dynamiken im Blick.
Du bietest Handlungs- und Prozessstrukturen an.
Du hast Mittel zur Analyse und Reflexion zur Verfügung.
Du weißt, welches Theater- und Kunstverständnis du vertrittst.
Du weißt, welches Menschenbild du hast.
Du weißt, dass du nichts weißt.
Du kennst deine Werte, Normen und Regeln und kannst sie kommunizieren.
Du bist neugierig auf deine Teilnehmenden und auf den Prozess.
Du bist bereit, deine Ziele zu verändern.
Du erkennst an, dass auch deine Teilnehmenden Ziele haben, die möglicherweise von deinen abweichen.

Schlicht: Du hast eine klare HALTUNG zu allen Elementen des abgebildeten Beziehungsfeldes. Erst dann ergibt es Sinn, die Frage anzuknüpfen: WIE kannst du diese theaterpädagogische Intention transportieren und umsetzen, sprich, erst danach kommst du zur METHODIK, zur Kunst des planmäßigen, bewussten Vorgehens innerhalb des theaterpädagogischen Prozesses.

Doch gehen wir zuvor noch einmal zurück zum Schaubild. Denn es fehlen immer noch wichtige Elemente. „Niemand ist eine Insel" (John Donne), und auch der theaterpädagogische Prozess findet nicht im luftleeren Raum statt. Deshalb legen wir über das didaktische Dreieck noch ein zweites Modell aus der Themenzentrierten Interaktion (TZI). Das themenzentrierte Interaktionsmodell ist ein Konzept für die Arbeit mit Gruppen. Ziel ist soziales Lernen und persönliche Entwicklung. Das Modell bildet die dynamische, energetische Balance eines Interaktionsprozesses ab (vgl. Cohn 1991).

Hier enthält jede Gruppeninteraktion drei Faktoren, die man sich als Eckpunkte eines Dreiecks vorstellen kann:
1. das ICH, die Persönlichkeit (Spielleiter*in, einzelne Teilnehmende)
2. das WIR, die Gruppe
3. das ES, das Thema, die Sache

Und das Modell fügt eine wesentliche Komponente innerhalb des Beziehungsgeflechtes hinzu: das GLOBE. Dieses beschreibt zunächst die Erwartungen und Einflüsse, die von außen an den Prozess herangetragen werden. Hier finden auch die ZUSCHAUENDEN ihren Platz, für die das Theater gemacht wird.

Jedoch wirkt das GLOBE ebenso von Innen nach Außen, da alle ICHs und WIRs innerhalb des großen Systems die Einflüsse, die sie prägen und geprägt haben, als Subsysteme mit in den Prozess einbringen (Sozialisation, Erziehung etc.). Zusätzlich können die Theaterpädagog*innen als Leitungsteam ebenso ein WIR bilden, wie die einzelnen Teilnehmenden der Gruppe jeweils eigenständige ICHs darstellen. Ein in sich komplexes, mehrdimensionales Beziehungsgeflecht.

Ziel ist, alle Komponenten des Modells stets in dynamischer Balance zu halten. Dazu bedarf es einiger Prämissen, für die es – willst du sie effektiv umsetzen – wichtig ist, möglichst viel über alle Beteiligten ICHs und WIRs, über das ES und GLOBE zu wissen.

Auf die inneren und äußeren Bedingungen, die das für dich als Theaterpädagog*in und den Prozess zur Folge hat, gehen wir später noch ein.

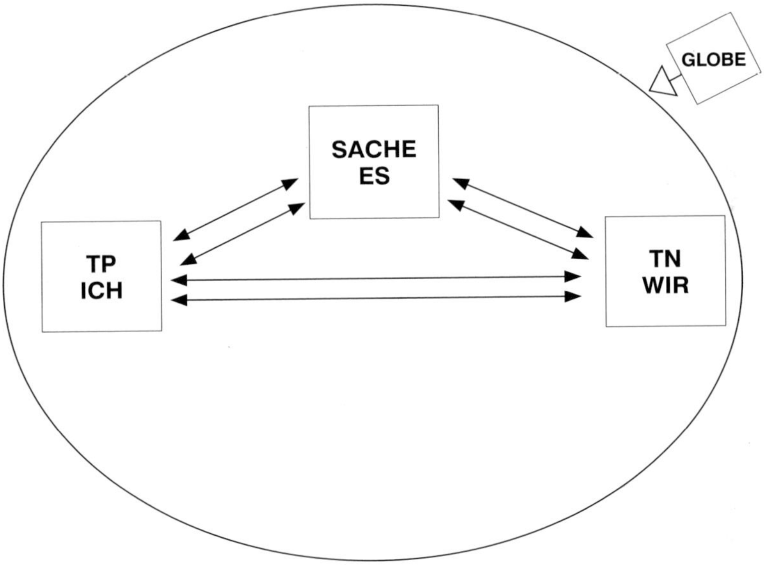

Theaterpädagogik findet nicht im luftleeren Raum statt: Das Globe kommt hinzu.

Last but not least fügen wir ein drittes Dreieck in den Bilderreigen ein: das DRAMADREIECK. Das Dramadreieck ist ein psychologisches und soziales Modell aus der Transaktionsanalyse und bildet …

A. den inneren Dialog eines Menschen bzw.
B. tradierte Beziehungsmuster zwischen Personen (Rollen und Erwartungen) ab (vgl. Schlegel 2002, S. 44f.).

Wir möchten damit vor allen Dingen den inneren Anteilen und Haltungen der am Prozess Beteiligten Aufmerksamkeit schenken. Innerhalb der Interaktion können Abhängigkeiten, Verflechtungen und Wechselwirkungen entstehen, deren innere Motivation nachvollziehen zu können, ein wesentliches Anliegen ist. Alle Beteiligten können dabei zu jeder Zeit die drei verschiedenen Haltungen des Drama-Dreiecks von Rettenden, Verfolgten oder Opfern einnehmen.

Beispiele für A (innere Anteile) aus der Perspektive der Spielleitung könnten sein:

1. Überzeugung: Ich muss alle Teilnehmenden gleichermaßen von meinem Anliegen begeistern, alle mitnehmen (Rettende-Anteil).
2. Gefühl: Die Auftraggebenden wollen mit ihrer unqualifizierten Kritik, ihren unangemessenen Anforderungen meine Kunst torpedieren (Opferanteil).
3. Gedanke: Das Publikum hat es einfach nicht verstanden (Verfolgende-Anteil).

Beispiele für B (Interaktionen im System) können sein:

1. Eine Spielerin in der Gruppe wird von den anderen gemieden. Sie beklagt sich darüber bei der Spielleitung (Opferrolle).
2. Wenn die Spielerin spricht, werden Blicke unter den anderen Spielenden getauscht (Verfolgende-Rolle).
3. Die Spielleitung erfragt im Einzelgespräch, wie es der Spielerin geht und verspricht, mit der Gruppe zu sprechen (Rettende-Rolle).

Diese Perspektiven und Haltungen beeinflussen das jeweilige Denken und Handeln. Du musst und kannst das nicht in jedem Fall beeinflussen. Es hilft aber, ein Bewusstsein dafür zu entwickeln. Und wenn du bemerkst, dass du oder Teile deiner Gruppe in einer Drama-Dreieck-Dynamik stecken, lohnt es sich, zu probieren, auszusteigen. In der Regel ist es für alle drei Rollen und Anteile hilfreich, das Thema Verantwortung zu bewegen: Rettende-Anteile oder -Rollen können aussteigen, indem diese nicht die Verantwortung für die Opfer übernehmen. Opferanteile oder -rollen können aussteigen, indem diese Verantwortung für sich und ihr Handeln übernehmen. Verfolgende-Anteile oder -Rollen können aussteigen, indem sie sich auf ihre eigene Verantwortung besinnen und sich frei von Bewertungen machen. Das klingt vielleicht leicht. Manchmal ist es das auch. Manchmal nicht. Das Drama-Dreieck ist in erster Linie ein Analyseinstrument für Psycho- oder Gruppendynamiken, das helfen kann, festgefahrene Denk- und Interaktionsmuster zu erkennen. Das ist schon der erste Schritt für das Verlassen.

Nun hast du einen ersten Eindruck davon gewonnen, wie vielschichtig und komplex sich Beziehungen innerhalb des theaterpädagogischen Lernens und Arbeitens darstellen, innen wie außen. Die Herausforderung dabei

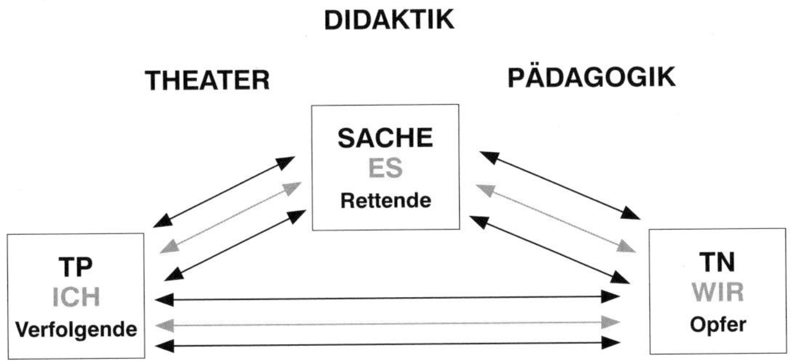

Das Dramadreieck bildet innere Dialoge und Beziehungsmuster ab.

ist, alle sichtbar gewordenen Ebenen dieser Modelle in einer guten BALANCE zu halten. Umso wesentlicher ist es für dich als Theaterpädagog*in, achtsam und bewusst mit diesem Prozess umzugehen und dich durch eine eigene Haltung den einzelnen Menschen und Dingen gegenüber zu positionieren, zu fokussieren, Schwerpunkte zu setzen sowie flexibel auch für unerwartete Dynamiken im Prozess zu bleiben. Je besser du das WAS kennst, desto klarer kannst du ins WIE gehen. Und: Es ist hilfreich, dass du dir immer wieder klarmachst, dass kein Lehr-Lern-Prozess standardisiert, logisch oder linear verläuft (vgl. Vogt, S. 132ff.).

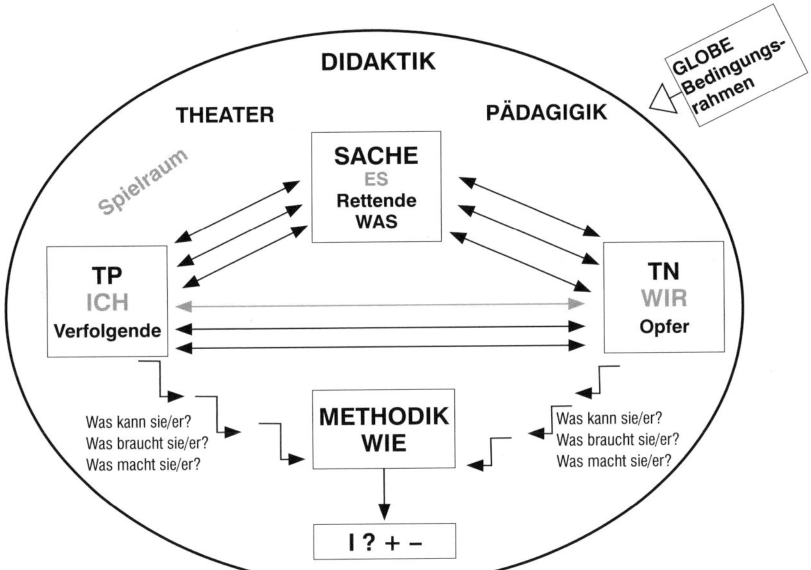

Vom WAS zum WIE: die Methodik

Bleibt die Frage, inwieweit du als Theaterpädagog*in Parameter an der Hand hast, einzelne Vorgänge innerhalb des Prozesses, aber auch die daraus entstehenden Produkte zu beurteilen und zu (er-)messen? Im letzten Akt werden wir darauf detaillierter Bezug nehmen, wenn wir uns dem Thema Auswertung widmen. Mit Blick auf einen systemischen Ansatz von Theaterpädagogik wenden wir uns an dieser Stelle den Grundlagen systemischer Denkweise und systemischer Didaktik zu. Denn sie können unsere Spur einer Didaktik der Theaterpädagogik erweitern und stützen.

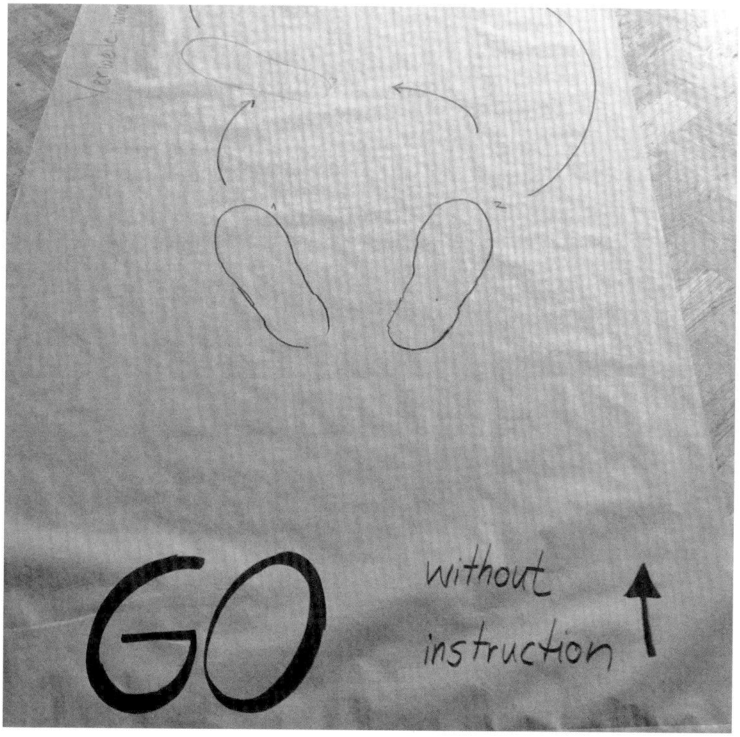

Habe einen Plan und sei bereit, ihn auch wieder loszulassen!

B. Lernprozesse aus systemischer Sicht

Sage es mir, und ich werde es vergessen.
Zeige es mir, und ich werde es vielleicht behalten.
Lass es mich tun, und ich werde es können.
Konfuzius

Systemtheorie und Systemverhalten

Erste Ansätze zur Systemtheorie wurden im vergangenen Jahrhundert voneinander unabhängig in ganz unterschiedlichen Fächern entwickelt. Prominent sind etwa die Biologen Humberto Maturana und Francisco Varela und der Soziologe Niklas Luhmann – mittlerweile wird sie als eigenständige, überfachliche Theorie aufgefasst. Einige grundlegende Ideen sollen hier kurz skizziert werden, für eine ausführliche Darstellung sei z. B. auf Barthelmess (2001), Schlippe und Schweitzer (2003) oder Simon (2006) verwiesen.

Ganz elementar lässt sich ein System identifizieren als Verbund von Elementen, die gemeinsam in Wechselbeziehung stehen und sich dadurch von den umgebenden Umständen, der sogenannten „Umwelt", unterscheiden. Ein System entsteht also dadurch, dass seine Elemente eine Interaktion entwerfen, die diese System-Umwelt-Grenze aufbaut und stabilisiert. Damit ist die wichtigste Ressource für dieses System und seine Kontinuität gesetzt. Wäre dieser Schritt nicht gelungen, so gäbe es nicht dieses System (aber vielleicht ein anderes).

Wie verhält sich nun ein System? Für alles, was das System tut, hat die eigene Interaktion – die es ja schon für den Aufbau der System-Umwelt-Grenze „geübt" hat – Vorrang vor allen äußeren Einflüssen. Es reagiert auf die eigenen Zustände, was als „selbstreferenziell" bezeichnet wird. Für soziale Systeme wie Gruppen, Organisationen, Familien kann man dies auf Inhalt, Sinn und Ziele der inneren Kommunikation und Beziehungsgestaltung beziehen. Veränderungen im System ergeben sich immer aus dieser Selbstreferenzialität, das System entwickelt sich selbst; diesen immerwährenden Prozess bezeichnet man als Autopoiese. Das System sammelt individuelle und spezifische Erfahrungen, die sich mit Erfahrungen anderer Systeme nur oberflächlich vergleichen lassen. Dies entspricht der Erkenntnistheorie des Konstruktivismus, nach dem jede Erfahrung und jedes Lernen auf Basis subjektiver Wahrnehmung und individuellem Vorwissen zu ganz subjektivem Wissensaufbau führt.

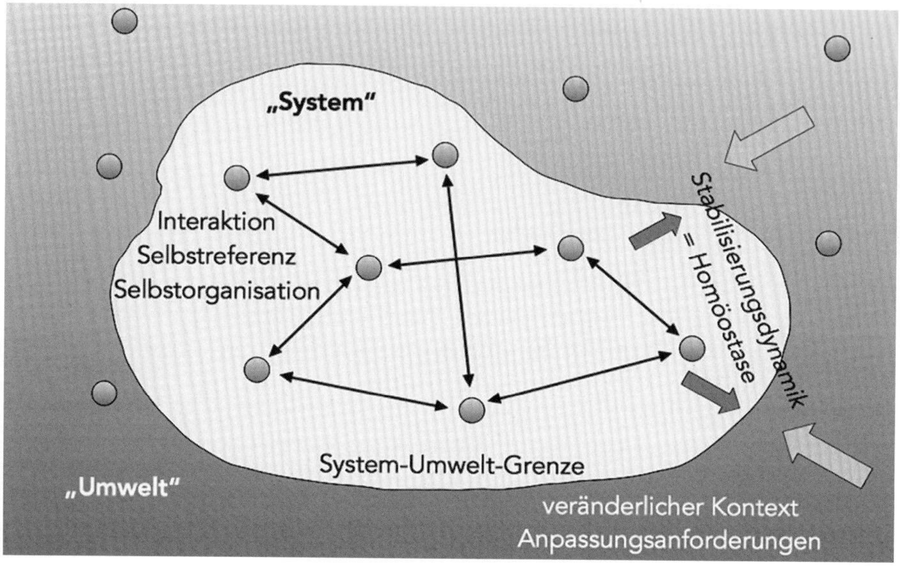

System und Umwelt in Wechselbeziehung

Wenn man von außen ein System betrachtet, so lässt sich dieses an seiner etablierten System-Umwelt-Grenze identifizieren. Dabei ist nicht immer gewährleistet, eindeutig zu bestimmen, wer wann und wie genau zum System gehört. Eine objektive Beschreibung von außen ist daher nicht möglich. Da die für das System wesentliche Kommunikation nur im System Bedeutung hat (Relevanz der Information, vgl. Bateson 1987), ist diese von außen nicht automatisch sinnvoll nachzuvollziehen und zu verstehen. Aus dem gleichen Grund ist eine direkte instruktive Veränderung bzw. Steuerung des Systemverhaltens von außen unmöglich.

An der Dynamik eines Systems sind mit unterschiedlichen Aktivitäten alle Systemelemente beteiligt, sie beziehen sich selbstreferenziell auf den Systemzustand und tragen selbst zum selbigen bei. Diese Art von Kopplung führt dazu, dass Ursache und Wirkung nicht mehr unterschieden werden können, vielmehr geht es hier um eine rückkoppelnde Wechselwirkung. Diese wird als zirkulare Kausalität bezeichnet: Die Dynamik von komplexen Systemen lässt sich kaum in Wenn-Dann-Beziehungen abbilden, sondern vor allem als regelmäßige Muster in der Interaktion deuten. Hier gilt die Idee, dass (scheinbar) konstantes Verhalten des Systems kein statisches, sondern ein dynamisches Geschehen ist: Die erlebte Konstanz in der Interaktion braucht die aktive Wiederholung ähnlicher Muster. Besonders interessant ist die Beobachtung solcher Muster, die als Reaktion des Systems auf eine Verstörung, zum Beispiel die „Erschütterung" der System-Umweltgrenze von außen, erfolgen. Die Dynamik des Systems, diese Grenze wieder (neu) zu stabilisieren, wird als „Homöostase" bezeichnet. Das Verhalten eines Systems sowie seiner Systemelemente lässt sich nur unter Berücksichtigung der Situation und Umgebung, des Kontextes, sinngebend interpretieren.

Systemische Didaktik

Eine systemische Didaktik geht davon aus, dass im Prozess der Wahrnehmung keine Realität abgebildet, sondern vielmehr eine relative und subjektive Wirklichkeit geschaffen, sprich konstruiert wird: Wissen wird nur auf der Grundlage eigener subjektiver Erfahrung konstruiert. Daher kann es nie als solches von einer Person zur anderen übermittelt werden. Die einzige Art und Weise, in der ein Organismus Wissen erwerben kann, besteht darin, es selbst aufzubauen, für sich selbst zu erwerben. Die Tätigkeit des Lehrens besteht also darin, die Umwelt der Lernenden so anzuregen und zu gestalten, dass dieses möglich wird (nach Glasersfeld 1987, S. 133). Ganz im Sinne einer künstlerischen, theatralen Gestaltung bzw. eines Pädagogikverständnisses, welches Erfahrungs- und Spielräume schafft, ist das Lernen hier also als ein Prozess der Selbstorganisation von Wissen zu verstehen.

Dieses vollzieht sich auf der Basis der Wirklichkeits- und Sinnkonstruktion jedes einzelnen ICHs im Rahmen der Gruppe (WIR) zu einem Thema (SACHE) und ist damit relativ individuell und zum Teil eben auch unvorhersehbar und nicht messbar. Als Theaterpädagog*in bist du in diesem Kontext dazu aufgerufen, möglichst reichhaltige, multimodale, interessante und kommunikationsorientierte Möglichkeiten und Räume zu schaffen, welche die subjektiven Erfahrungsbereiche der Teilnehmenden ansprechen. Kooperation, Kommunikation und Interaktion dienen der „Problemdefinition" und „Problemlösung" bzw. der Schaffung von Herausforderungen für jeden Einzelnen und der Gruppe, wobei der Bedeutungsaushandlung eine große Rolle zukommt.

Du gestaltest im Rahmen eines theaterpädagogischen Prozesses also auch eine eigene (theatrale) Wirklichkeit und schaffst dafür eine eigene (Theater-)Sprache bzw. subjektive (Bühnen-)Bilder. Symbolisches (Theatercodes und -zeichen, Fachsprache, Regeln) ermöglicht dabei Kommunikation. Imaginäres (Körpersprache, Gestik, Mimik) hilft, sich in andere hineinzuversetzen und sich (ästhetische) Bilder von der Umwelt zu konstruieren. Das Reale wird permanent hinterfragt und neu geschaffen, indem sich alle immer wieder für alternative Sichtweisen öffnen. Im Sinne des künstlerischen Produktes ist am Ende eine Einigung auf eine (Theater-)Wirklichkeit notwendig, was aber eine individuelle Neukonstruktionen von (Lebens-)Wirklichkeit nicht beendet. Ganz im Gegenteil. Der theaterpädagogische Prozess weist über sich selbst hinaus.

Abgeleitet wird ein solcher systemisch-didaktischer Kreislauf aus den drei Perspektiven ...

- Konstruktion (selbst handeln, innerer Prozess),
- Rekonstruktion (Nachvollziehen von Handlung anderer – auch von Figuren und Rollen –, sich positionieren, äußerer Prozess),
- Dekonstruktion (gemeinsames Aufbrechen verfestigter Wege durch künstlerisches Arbeiten, Öffnung neuer Sichtweisen).

Auch hier wird also eine zirkuläre Entwicklung angenommen, in der der Mensch mit seiner subjektiven Wahrnehmung und seinem individuellen Verständnis und Ausdruck im Mittelpunkt steht.

Lehr-Lern-System als Kontext und Lernumgebung

Mit der Brille der Systemtheorie lassen sich viele Phänomene als Struktur und Dynamik von Beziehungen innerhalb eines Systems und Kontextes beschreiben. Für eine „Systemiker*in" ist das Vorhaben, eine Lehr-Lern-Situation zu gestalten, daher zuallererst eine Beziehungsfrage. Zunächst einmal stehen sich unterschiedliche Personengruppen gegenüber: die Theaterpädagog*innen (typischerweise allein oder in sogenannter Ko-Leitung zu zweit) als verantwortliche Arrangeur*innen des Settings und die Teilnehmenden als Lernende (zumeist die Mehrzahl im jeweiligen Setting, also als Gruppe). Dies sind unterschiedliche System-Bestandteile, sogenannte „Sub-Systeme". Sie stehen kommunikativ im Kontakt und bilden dadurch ein gemeinsames personelles System, ein „Lehr-Lern-System". Dieses System befindet sich i.d.R. in einem institutionellen Rahmen, der die Ressourcen und organisatorischen Möglichkeiten dieses Lehr-Lern-Systems umfasst und die Interaktion der Sub-Systeme prägt.

Die Konstruktion des Lehr-Lern-Systems ist eine gemeinsame Leistung sowohl vom Lehr-System als auch vom Lernenden-System, es wird miteinander konstituiert und für die gemeinsame Interaktion innerhalb eines theaterpädagogischen Prozesses gestaltet. Es bildet den gemeinsam konstruierten Theater-Kontext, in dem Lernprozesse angeregt und reflektiert werden, den Rahmen, in dem individuelle Lernendenerfahrungen und auch persönliche Anliegen Platz finden sollen. Gleichzeitig leistet das Lehr-Lern-System eine innere Differenzierung in seine Sub-Systeme und deren Stabilisierung sowie eine äußere Abgrenzung zum umgebenden institutionellen Kontext (und dessen Stabilisierung).

Nach den Ausführungen zur Systemtheorie im Einführungskapitel wird hier bewusst von „Leistung" gesprochen, um zu betonen, dass diese Teilsyste-

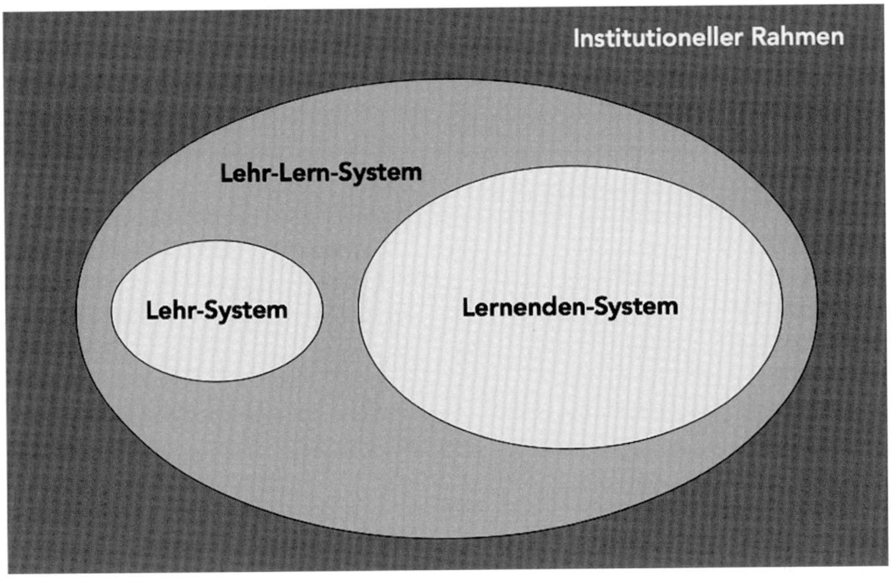

Lehr-Lernsystem und institutioneller Rahmen

me und ihre Interaktion nicht „vom Himmel fallen", sondern eine gemeinsame „Erfindung" sind. Ihre Ausgestaltung, ihr Stil und ihre Inhalte sind hochspezifisch und nicht austauschbar. Sie kann nützlich im Sinne der pädagogischen und/oder künstlerischen Ziele sein, z. B. wenn das System einen wertschätzenden und unterstützenden Kommunikations- und Ausdrucksstil etabliert hat, oder eine unproduktive Dynamik entwickeln, z. B. wenn das Klima eher von Leistungsschau, Perfektionismus und Fehlervermeidung geprägt ist.

Der institutionelle Rahmen dürfte etwa der Bildungsorganisation entsprechen, in dem die theaterpädagogische Arbeit stattfindet (Schule, Theater, Bildungseinrichtung etc.). Er stellt den engeren Teil des Globe (vgl. didaktisches Dreieck, S. 38) dar und beinhaltet Zeitumfang und Takt, beteiligte Personen und Rollen, Räume, Lehrmittel und Medienangebot, inhaltliches Umfeld, finanzielle Ausstattung, Kontakt und Kommunikation der Bildungsinstitution innerhalb der Bildungslandschaft u.v.m. Dieser Rahmen kann im systemischen Sinne vereinfachend als die äußere „Umwelt" aufgefasst werden. Diese Vereinfachung lässt den Aspekt unterschätzen, dass Lehrende und Lernende selbst Bestandteile (wenn auch manchmal nur temporär) des institutionellen Systems sind, dass ja auch aus den Menschen „in" diesen besteht und von ihnen mitgestaltet wird. Damit nehmen sie einen zirkulären Einfluss auf diesen Rahmen.

Wir wollen vereinfachend annehmen, dass die äußeren, institutionellen Systemmerkmale der Bildungsorganisation relativ konstant sind, während die Systemmerkmale des Lehr-Lern-Systems relativ veränderlich wirken. Es geht hierbei um folgende Systemmerkmale:

- Werte, Regeln, Normen, Verbote
- Beziehungskonstellationen, Grenzziehungen, Umgang mit Konflikten und Macht
- Interaktionsklima, relevante Themen, übergeordnete und individuelle Ziele

Das Lehr-Lern-System entwickelt sich selbstreferenziell, allerdings nicht im „luftleeren Raum": Der Kontakt zum institutionellen Rahmen bildet eine Fremdreferenz, deren Systemmerkmale maßgeblich die Entwicklung des Lehr-Lern-Systems prägen und damit die Ausgestaltung der jeweiligen Systemeigenschaften.

Dieser Zusammenhang lässt sich für das theaterpädagogische Handeln nutzen: Bereits in der Frühphase etwa eines theaterpädagogischen Projekts lohnt sich die Analyse, welche Systemmerkmale im obigen Sinne für das Lehr-Lern-System sinnvoll wären (z.B. unterstützendes Gruppenklima), und wie weit diese Merkmale für den umgebenden Bildungsträger gelten können. Bei günstiger Übereinstimmung lassen sich beispielsweise institutionelle Muster erfragen bzw. beobachten, die dazu beitragen; diese können ganz praktisch in das Projekt übernommen werden (quasi „Copy and Paste"). Falls der institutionelle Rahmen ungünstigerweise vom Zielbild abweicht, könnte die frühe Etablierung eines abgrenzenden Stils oder Rituals, das bewusst ein nützlicheres Interaktionsmuster abbildet, helfen.

T

Als Theaterpädagogin, die ein Projekt im Klassenraum einer Schule durchführt, könnte ich mich fragen, wozu dieser Raum im System Schule üblicherweise genutzt wird. Welche Art von Lernen wird hier über die Architektur, Farb- und Formgebung, Möblierung wie etabliert und unterstützt? Welchen Stellenwert hat Theater in dieser Institution und in diesem Raum? Welche idealen Bedingungen bräuchte ich? Wenn mir kein großer, abdunkelbarer Saal mit Schwingboden, Ton- und Lichtanlage zur Verfügung steht, was kann ich tun? Welche Interventionen, Eingriffe und temporären Veränderungen kann ich vornehmen, die meinem Vorhaben dienlich sind? Wie kann ich über eine Umgestaltung mein Zielbild unterstützen? Beispielsweise könnte eine Theaterprobe, die hier stattfindet, immer damit beginnen, dass die Gruppe gemeinsam den Raum so gestaltet, wie er für die Probe nützlich ist: Tische beiseite räumen, Stuhlkreis bilden, Bühnenraum abkleben etc. Bei jedem Schulgong könnte die Gruppe rituell in ein kurzes Freeze gehen, um die institutionellen Regeln, die für das theatrale Schaffen nicht von vornherein nützlich sind, für das eigene Ziel nutzbar zu machen:

Zeigt der Gong im Schulkontext das Ende einer Unterrichtseinheit an, kann er für die Zeit des Projektes so umgedeutet werden, dass damit ein bestimmtes ästhetisches Mittel trainiert wird.
Zum Ende der Probe bauen alle den Raum wieder zurück und entlassen die jeweiligen Gegenstände wie Tische und Stühle spielerisch in ihre angestammten (Schul-)Rollen zurück: Jede Teilnehmende nimmt einen Stuhl oder Tisch und sagt den Satz: „So, liebes Möbelstück, jetzt darfst du wieder Schulmöbel sein." Oder: „Hiermit verwandle ich dich vom Bühnenbild zurück in deine Ursprungsrolle!"

Ebenfalls schon vor Beginn der pädagogischen Arbeit hat der institutionelle Rahmen gestaltende Wirkung auf die Lernprozesse: Er übt Vorauswahl oder Filterfunktion bezüglich der Personen und Themen aus. Von institutioneller Seite wird zusammen mit den Lehrenden mehr oder weniger eng der Themenbereich für das theaterpädagogische Projekt, die Inszenierung etc. beschrieben. Das Lernenden-System konstituiert sich aus denjenigen Personen, die sich einzeln entweder freiwillig zu dem angebotenen Thema angemeldet haben, oder die aus inhaltlichen Gründen dorthin empfohlen, verwiesen, verordnet worden sind. Aus diesem Abgleich ergibt sich ein mehr oder weniger homogenes Feld von Erwartungen aller Beteiligten (Lehrende, Lernende, Institution), das Inhalte und Anliegen kanalisiert: Bestimmte Themen erscheinen im Rahmen der Veranstaltung plausibel, andere scheinen unpassend zu sein.

Hieraus entsteht gleichzeitig und vielleicht unausgesprochen ein Kontrakt für eine „gemeinsame Sache", den Zweck des gemeinsamen Lernens in einer Gruppe. Die individuellen Erwartungen über diese „gemeinsame Sache" bestimmen auch die Bildung des Lernenden-Systems in Kontakt und in Abgrenzung zum Lehr-System. Dies ist Gegenstand des Prozesses der Gruppendynamik (nach Tuckman 1965, vgl. auch S. 19), auf den auch zum Abschluss dieses Kapitels (S. 75f.) Bezug genommen wird: In der Phase des „Storming" werden die unterschiedlichen Ansprüche und Erwartungen in Kontakt gebracht, mit dem „Norming" werden sie zu Vereinbarungen geformt.

Das Lehr-System besteht aus einer oder mehreren Theaterpädagog*innen, die eine professionelle Verantwortung für die Gestaltung und Merkmale des Lehr-Lern-Systems übernehmen. Wir nennen hier „Lehrende" als Rollenname, und gehen gleichzeitig davon aus, dass Lehrende aus ihren Erfahrungen und ihrem reflektierten Handeln ebenfalls immer wieder lernen.

Die Beziehung zwischen den Subsystemen Lehr-System und Lernenden-System ist einerseits durch eine verbindende Interaktion mit Bezug zum gemeinsamen Kontext innerhalb des institutionellen Rahmens mit seinen Systemmerkmalen gekennzeichnet (Werte, Regeln etc., wie oben benannt). Andererseits ist innerhalb des Lehr-Lern-Systems eine Differenzierung der Rollen in Theaterpädagog*in und Teilnehmende mit unterschiedlichen Beiträgen erforderlich.

Zu den Beiträgen der einzelnen Lernenden zum Lehr-Lern-System zählen:

- eigene Anliegen und Ziele einbringen und vertreten
- Interaktion innerhalb der Lernendengruppe anbieten und Beziehungen gestalten
- Vielfalt der im Lehr-Lern-System vorhandenen Ressourcen würdigen und ergänzen
- eigene Konzepte, Erfahrungen und Fragestellungen einbringen und weiterentwickeln
- eigene Ressourcen nutzen und weiterentwickeln

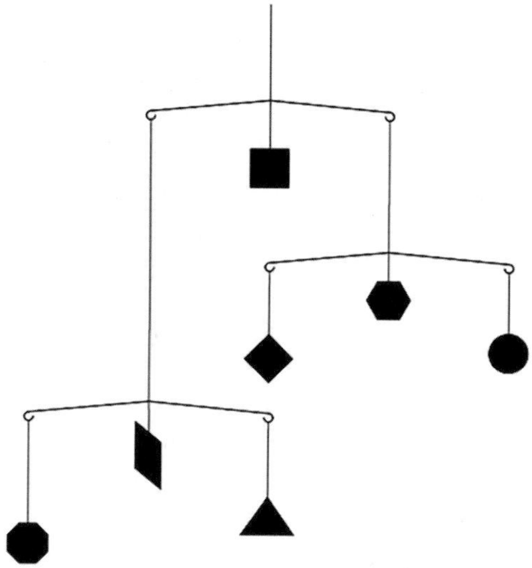

Komplexe Systeme sind ständig im Prozess auf der Suche nach Balance.

Intervention statt Instruktion

Aus dem systemisch-konstruktivistischen Paradigma resultiert, dass es unmöglich ist, jemanden direkt zu instruieren. Vormachen oder Erklären ist allenfalls bei sehr einfachen Tätigkeiten oder Konzepten wirksam, nämlich dort, wo in enger Begleitung durch Rückmeldung über „richtig oder falsch“, eine einfache Handlungsroutine trainiert werden kann bzw. einfache Fakten abgefragt werden können. Vormachen oder Erklären alleine lässt noch kein eigenes Verständnis einer komplexen Situation oder Handlung vom Lernenden aufbauen oder rekonstruieren. Damit bleibt zunächst die Frage offen, wie denn überhaupt für Lehrende wirksames pädagogisches Handeln möglich ist, mit dem Anspruch, komplexe Kompetenzen entwickeln zu helfen.

Die Unmöglichkeit einer direkten Instruktion schränkt den Handlungsspielraum von Lehrenden erheblich ein: Systemisch betrachtet, bleiben die Handlungsoptionen darauf beschränkt, einen Gesamtprozess im Lehr-Lern-System zu gestalten und darin die subjektiven Wirklichkeitskonstruktionen zu reflektieren und zu verhandeln. Die inneren Prozesse entziehen sich dem direkten äußeren Zugriff. Diese prinzipielle Handlungsbeschränkung kann vielleicht ernüchtern und „machtlos" erscheinen lassen. Sie macht zumindest bescheiden bezüglich unserer pädagogischen Wirkmöglichkeiten. Andererseits impliziert dies die Einladung, gelassen auf die Verantwortung in der Rolle der Prozessgestaltenden zu schauen: Dein Handeln als Theaterpädagog*in ist nicht allesentscheidend, sondern auf den äußeren Rahmen gerichtet, in dem autonome Lernprozesse geschehen. Im „Inneren" lässt sie auch Raum für das Vertrauen in die individuellen Lernprozesse und Lernergebnisse.

Pädagogisches Handeln besteht in der Gestaltung eines äußeren Rahmens, in dem fachliche und persönliche Lernerfahrungen gemacht werden. Als spezifische „Lehrfunktionen" können in diesem Sinne aufgefasst werden:

- einen gemeinsamen Kommunikationsprozess gestalten mit Bezug auf die zu lernende Praxis und Kompetenz
- Konzepte, Fragestellungen und Praxisbeispiele anbieten, die gleichzeitig zu den Zielvorstellungen der Lehrenden wie zu den Lernzielen des Lern-Systems passen
- Lehr-Lern-Setting entscheiden, gestalten und steuern
- Lernenden-System als zentrale Ressource für neue Erlebensweisen und Interaktionsweisen nutzen und reflektieren
- neue Informationen und neue Erlebensweisen anbieten und individuelle Lernprozesse reflektieren
- objektivierbare Lernergebnisse und Leistungsanforderungen frühzeitig benennen und anschließend unter Reflexion der Lehrendenrolle beurteilen
- Lernende mit passend-ungewöhnlichen „Lehr-Interventionen" bestätigen und anregen bzw. irritieren

Nach den oben vorgestellten Annahmen und Systemeigenschaften kann diesem Kommunikationsprozess vor allem dann eine hilfreiche Veränderungswirkung zukommen, wenn er als Perturbation der Lernenden und des Lernenden-Systems geeignet ist, d.h. bestehende Denk- und Interaktionsmuster verstört werden. Die damit verbundene Irritation und Musterunterbrechung soll individuelle und gemeinsame Suchprozesse auslösen, die dann neues Wissen aufbauen helfen (vgl. auch Piagets Akkommodation im Einführungskapitel). Am besten gelingt dies, wenn diese Irritation an die individuelle Entwicklungsziele anschließt und gleichzeitig Neuigkeit anbietet.

Dies bezeichnet man als Intervention. Systemische Intervention als Konzept und Methode ist ein zentrales Thema im Bereich systemischen Denkens und Handelns. Wir übertragen dieses an dieser Stelle auch für theaterpädagogische Prozesse. Was sie kennzeichnet, darüber gibt es verschieden weit reichende Auffassungen (vgl. etwa Schlippe & Schweitzer 2003): Vom „unmittelbaren" Konzept, jede Frage oder Aussage der Prozessgestaltenden sei bereits Intervention, bis hin zu komplexen methodischen Konzepten als Interventionen (z.B. systemische Aufstellungen oder Genogrammarbeit). Ganz allgemein wollen wir Intervention wie folgt definieren:

D

Systemische Intervention

Eine systemische Intervention ist ein auf Grundlage eigener Hypothesen gestaltetes Angebot einer Prozessgestalter*in an einen oder mehrere andere, eine neue Sichtweise, Verhaltensweise, Deutungs- oder Erlebensweise zu erhalten. Sie kann aus einem einzelnen Kommunikationsbeitrag, einem Aspekt in der Gestaltung des Projekt- oder Probenrahmens oder einem komplexen methodischen Zugang bestehen.

Hier bezeichnen wir die Intervention bewusst als „Angebot", da wir mangels direkter Einflussmöglichkeit gar nicht vorhersagen können, ob und wie sie jeweils wirkt.

Was hat das mit den „Hypothesen" auf sich? Da ein objektiver Zugriff auf Erfahrungen und Wissen anderer Menschen nicht möglich ist, können wir nur unsere Wahrnehmung einer Situation und des Verhaltens anderer Menschen unter Reflexion unserer Subjektivität wahrnehmen. Hypothesen sind in diesem Sinne die Formulierungen unserer subjektiven Vermutungen und Erklärungsansätze über diese Wahrnehmungen.

Für den Einsatz von Interventionen ist es wichtig, dass sie gleichzeitig an die Wirklichkeitskonstruktion des Teilnehmendensystems ankoppeln können, d.h. als verstehbar eingeschätzt werden, und gleichzeitig einen Neuigkeitswert beinhalten, mit dem eine neue, ergänzende Sichtweise angeboten und systemimmanente Suchprozesse aktiviert werden. Diese gleichzeitig bestätigende und irritierende Wirkabsicht wird oft als „passend ungewöhnlich" charakterisiert.

Spezifische Funktionen im Kommunikationsprozess:

Lehrende	Lernende
• einen gemeinsamen Beziehungs- und Kommunikationsprozesses gestalten mit Bezug auf die zu lernende Theaterpraxis und Kompetenz • Konzepte, Fragestellungen und Praxisbeispiele anbieten, die gleichzeitig zu den Zielvorstellungen der Lehrenden wie zu den Lernzielen des Lernenden-Systems passen • Lehr-Lern-Setting entscheiden, gestalten und steuern • Lernenden-System als zentrale Ressource für neue Erlebensweisen und Interaktionsweisen nutzen und reflektieren • neue Informationen und neue Erlebensweisen anbieten und individuelle Lernprozesse reflektieren • objektivierbare Lernergebnisse und Leistungsanforderungen frühzeitig benennen und anschließend unter Reflexion der Lehrendenrolle beurteilen • Lernende mit passend-ungewöhnlichen „Lehr-Interventionen“ bestätigen und anregen bzw. irritieren	• eigene Anliegen und Ziele einbringen und vertreten • Interaktion innerhalb der Lernendengruppe anbieten und Beziehungen gestalten • Vielfalt der im Lehr-Lern-System vorhandenen Ressourcen würdigen und ergänzen • eigene Konzepte, Erfahrungen und Fragestellungen einbringen und weiterentwickeln • eigene Ressourcen nutzen und weiterentwickeln

Wir halten es nur für konsequent systemisch, die Handlungsmöglichkeiten einer Prozessgestalter*in auch im theaterpädagogischen Feld auf die Form der Intervention zu heben. Wir möchten dafür Lehrinterventionen folgendermaßen definieren:

D

Systemische Lehrintervention

Eine systemische Lehrintervention ist ein auf Grundlagen eigener Hypothesen gestaltetes methodisches Angebot einer Theaterpädagog*in an einen oder mehrere Teilnehmende, die individuellen Sichtweisen und Denkmuster der Lernenden sowie ihrer gemeinsamen Interaktion anzuregen und zu irritieren, mit dem Ziel, den Aufbau neuen Wissens und neuer Kompetenzen als Reorganisation der relevanten Erfahrungen zu unterstützen.

Beispiele für solche Lehrintervention könnten sein:

- beim Besprechen eines z. T. bekannten Vorgangs oder Themenbereichs: häufiges, mitunter penetrantes Dazwischen-Fragen: „Wie kommt das?“, „Wozu soll das nützen?“, „Wieso können wir da so sicher sein?“

- bei der Analyse oder Diskussion unterschiedlicher Standpunkte und Perspektiven, dazu auffordern, die Rollen – sowohl die in deiner Gruppe, als auch die auf der Bühne – (reihum) zu tauschen und den Diskurs fortzusetzen (Perspektiverweiterung)
- in der Anfangsphase eines Veränderungsprozesses oder Lernprozesses dazu auffordern, die momentane Lage entlang eines Seiles zu verorten; erkennen lassen, dass man nie bei null anfängt; hinterfragen, was bisher schon den bisher bewältigten Abschnitt vorangebracht hat; nach Ressourcen für den weiteren Weg fragen; den nächsten Schritt anvisieren

Diese Auffassung von Interventionen als zentralwirksames Handlungselement entspricht dem, was wir zuvor als „Methode" beschrieben haben (vgl. Definitionen im Einführungskapitel). Im Grunde lassen sich alle in diesem Buch vorgestellten methodischen Beispiele unter dieser Auffassung deuten: Sie sollen Impulse liefern, innezuhalten, Denken und Verhalten zu unterbrechen und zu reflektieren, um eine neue Perspektive bzw. eine neue Erfahrung hinzuzugewinnen. Dabei setzen wir nicht darauf, dass eine einzige Intervention allein Lernen und Entwicklung trägt. Unsere Idee ist vielmehr, dass eine Vielzahl von Interventionen in einem gemeinsamen sinngebenden und zielorientierten Lehr-Lern-Setting eine Gesamtwirkung entfaltet, die die intendierten Kompetenzen aufbauen hilft. Für die Auswahl und Gestaltung der Methoden bedeutet dies, günstigerweise eine Vielfalt von Formen anzubieten, die nicht nur das Denken, sondern auch das Handeln, Fühlen und Erleben betreffen. Szenische Mittel und Theatermethoden scheinen unter diesem Aspekt für Lernprozesse wie geschaffen.

EXKURS: Lässt sich ein Mobilé instruieren?

Um diesen aus unserer Sicht zentralen Unterschied zwischen Methode als Instruktion und Methode als Intervention zu verbildlichen, möchten wir eine Metapher gebrauchen: ein Mobile (vgl. auch Abb. S. 52). Ein Mobile bewegt sich von selbst, als Energiequellen reichen ein leichter Luftzug sowie Gewicht und Trägheit der eigenen Masse aus. Ein Mobile ist permanent damit beschäftigt, sich selbst im Zustand des vollständigen Gleichgewichts zu halten. Dieser Zustand ist allerdings nicht – wie man zunächst meinen könnte – erst im Stillstand als statisches Gleichgewicht erreicht. Dynamische Systeme erreichen einen Zustand, der die innere Statik und die äußeren Bedingungen ausbalanciert, bereits in der Bewegung als dynamisches Gleichgewicht.

Lässt sich ein Mobile instruieren? Dies würde dem Versuch entsprechen, die aufgehängten Elemente an bestimmten Positionen in der Luft fixieren bzw. ihnen feste Wege vorschreiben zu wollen. Selbst das Gedankenexperiment im Kopfkino macht klar: Dies gelingt nur als dauerhafter, massiver äußerer Eingriff, und führt nicht zur Stabilität im eigenen Gleichgewicht.

Eine äußere Einflussnahme gelingt nur als Intervention: zum Beispiel durch Anstoßen oder Anpusten der Mobile-Anhänger. Die momentane Dynamik des Mobiles wird dadurch unterbrochen und verstört – nach einer kurzen chaotischen Phase beginnt es, sich in ein neues dynamisches Gleichgewicht einzufinden. Die entstandene Bewegungsform mag anders aussehen als vor der Intervention.

Die Mobile-Metapher lässt sich leicht transferieren, wenn man sich die Mobile-Elemente als Teilnehmende einer Gruppe vorstellt, in der die Interaktionen und unterschiedliche Rollen abgestimmt werden müssen. In diesem Bild ist auch eine Gruppe permanent in Bewegung und auf der Suche nach seinem eigenen dynamischen Gleichgewicht. Ebenfalls lässt es sich auf die Elemente eines Lernprozesses übertragen: Inhalte, Ideen, Aufgaben, Erfahrungen ... Für einen Transfer lohnt sich auch die kleine handwerkliche Aufgabe, selbst ein Mobile zu bauen: Man nehme 3 bis 5 leichte Stäbe, ca. 1,5m Garn und 5 bis 10 geeignete Mobile-Anhänger. Interessant ist es hier, den anfänglichen Plan oder das erwartete Bild des Mobile mit der erhaltenen Form und Bewegung zu vergleichen.
Im Feld des systemischen Denkens gibt es seit etwa der Mitte des letzten Jahrhunderts lebhafte Entwicklungen zu Konzept und Form der systemischen Interventionen. Klassischerweise werden sie nach systemischen Schulen unterschieden (vgl. etwa Schlippe & Schweitzer 2003 oder Barthelmess 2001), prominent sind beispielsweise die „Mailänder Gruppe" um Selvini Palazzoli u.a., die Lösungsfokussierung nach Steve de Shazer und Insoo Kim Berg, Familientherapie nach Virginia Satir oder Salvador Minuchin u.v.a. oder die Hypnotherapie nach Milton H. Erickson. Für die Didaktik und Methodik einer systemischen Theaterpädagogik schlagen wir eine etwas andere Differenzierung vor, ausgehend von Barthelmess (2016), und unterscheiden die jeweilige Interventionsstrategie entlang der Art der beabsichtigen Kombination aus Irritation plus neue Perspektive.

Interventionsstrategie	Beschreibung	Wirkprinzip
Reframing	„Reframing" bedeutet die mentale Neuausrichtung eines inneren Rahmens (engl. „frame") zu einem jeweiligen Realitätsausschnitt, der sich sowohl auf die Gruppe, als auch auf Figuren und Rollen beziehen kann.	Intervention kann Reframing bewirken durch Hinzunahme einer vielleicht schon neuen Perspektive oder Information, sodass der subjektiv beschriebene Zusammenhang sich ändert. Hieraus können sich veränderte Handlungsoptionen ergeben.

Narrative Interventionsstrategie	„Narration" bedeutet die innere oder gemeinsame „Erzählung" eines Sachverhalts, in dem die Rollen plausibel verteilt und die Ereignisse singgebend verbunden werden. Dies kann vergangene Erlebnisse, die aktuelle Lage sowie die zukünftig erwartete Situation betreffen. Das kann sich sowohl auf die jeweilige Gruppe, als auch auf die Protagonist*innen auf der Bühne sowie die Bedeutungsgebung der Szene oder Geschichte beziehen.	Intervention mit narrativen Methoden lässt neue Erzählungen (vor, auf und hinter der Bühne) entstehen, die für die Betroffenen nützlicher erscheinen, da sie z.B. eine weiterführende Perspektive oder Problemlösung beinhalten.
Hypnotherapeutische Interventionsstrategie	Die Hypnotherapie nach Erickson beachtet die Fokussierung der Aufmerksamkeit auf einen bestimmten Zustand, der sogenannten Trance. Diese kann schmerzhaft oder nützlich sein („Problemtrance" und „Lösungstrance"). Sie ist maßgeblich dafür, welche Ressourcen aktuell verfügbar sind, sowohl individuell wie auch kollektiv, sowohl mental-emotional, als auch physiologisch.	Intervention heißt hier die Erarbeitung einer neuen Fokussierung, die die Ressourcen auf hilfreiche Weise aktiviert, z.B. durch strikte und angenehme Fokussierung des erwünschten Lösungszustandes.
Musterrekonstruktion	Die Muster-Rekonstruktion bedeutet die Analyse etablierter Denkmuster, Verhaltensmuster, Erlebensmuster, Interaktionsmuster durch Reflexion, Perspektivenwechsel und Rückmeldungen von außen.	Die Intervention gelingt durch Konfrontation mit diesen Mustern und deren Neubewertung, mit dem Ziel, neue, günstigere Muster aufzubauen. Dies sind zum Beispiel: Genogrammarbeit, Biografiearbeit, Situationsaufarbeitung im Playback-Theater-Format (auch für die Rollen und Figuren auf der Bühne).

Die Interventionsstrategien lassen sich nicht immer trennscharf unterscheiden. So kann zirkuläres Fragen (als typisch systemische Fragetechnik) sowohl Reframing-Prozesse auslösen als auch Interaktionsmuster aufdecken. Skulpturale Aufstellungen (z.B. mit Figuren auf dem Tisch oder mit Personen als Stellvertretende im Raum) können vom Problemzustand zum Lösungsbild als Zielzustand umfokussieren sowie neue Narrationen entwickeln helfen. Die Unterscheidung soll eine grobe Orientierung bieten und die Vielfalt der Wirkweisen für Lern- und Veränderungsprozesse betonen.

Inszenierung und Intervention

Was bedeuten nun diese Überlegungen zu Handlungsbeschränkungen, komplementären Kommunikationsbeiträgen im Kommunikationsprozess und in Bezug auf Interventionen? Was lässt sich schlussfolgern für die Handlungsmöglichkeiten für dich als Theaterpädagog*in? Wir versuchen, hieraus ein Handlungsmodell mit Blick auf die Lernprozesse zu zimmern.

In diesem Modell muss enthalten sein:

- die Subjektivität der individuellen Lernprozesse;
- die Verantwortung zur Gestaltung des äußeren Rahmens;
- Intervention als wirksame Methode zur Anregung von Lernprozessen;
- fachlicher und persönlicher Zielbezug und Sinngebung des Lerngeschehens;
- Zeitaspekt in der Gestaltung des Prozesses.

Wir ordnen dies grafisch so an, dass als hauptsächliche Handlungsbereiche der Rahmen als „Inszenierung" eines gesamten Lehr-Lern-Settings erkennbar wird, in dem die Theaterpädagog*in mit methodischen Interventionen Impulse für die Vielfalt von Lernprozessen gibt.

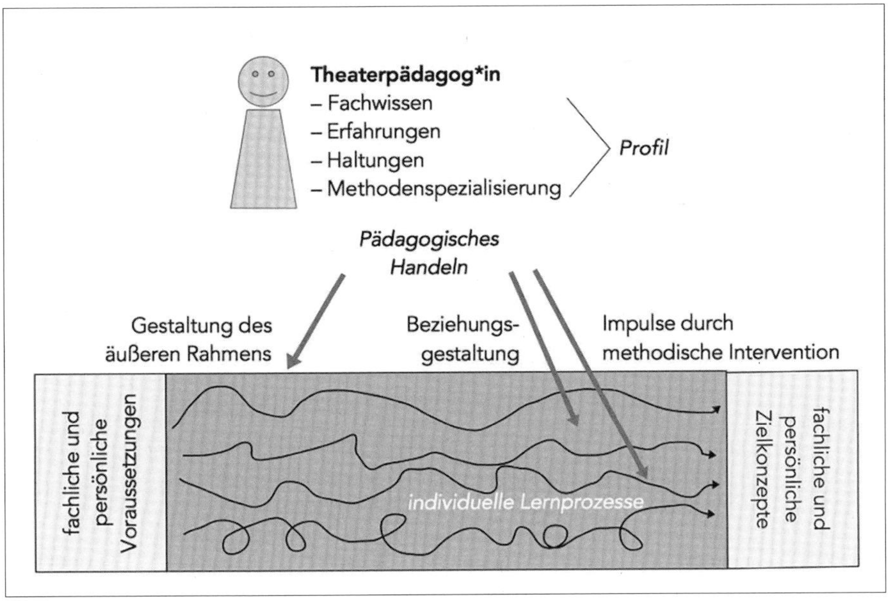

Handlungsmodell mit Fokus auf äußeren Rahmen und individuelle Lernprozesse

Für theaterpädagogisches Lernen und Lehren unter den Vorzeichen einer systemischen Didaktik wollen wir zunächst folgende Schlüsse ziehen (vgl. auch unser ABC im 3. Akt):

- selbstständiges, individuelles Handeln und Erfahren der Teilnehmenden (ICHs und WIRs), um ein eigenes Welt- bzw. Theaterverständnis zu entwickeln (SACHE)
- Ziele, Inhalte und Wege nicht vorgeben, sondern eigenständiges Ausprobieren und Denken fördern und über theaterpädagogische Impulse anregen
- Begleitung statt Anleitung, Beziehung statt Erziehung, Ermöglichen statt Festlegen
- die Theaterpädagog*in als Konstrukteur*in von Möglichkeits- und Spielräumen
- den Handlungsrahmen klar und transparent gestalten, darin Freiräume lassen
- Anregung und Aktion mit allen Sinnen durch Methodenvielfalt und Handlungsorientierung

T

Ein Beispiel: Eine Theaterpädagog*in bietet einen Kurs zum Thema „Performative Verfahren in der Arbeit mit Intergenerationellen Gruppen“ an. Es haben sich 12 Teilnehmende zwischen 20 und 56 Jahren angemeldet. Die Theaterpädagog*in bildet folgende Hypothesen:

- Alle Teilnehmenden haben Erfahrung mit der Leitung von Gruppen.
- Alle Teilnehmenden haben Erfahrung mit dem Medium Theater.
- Alle Teilnehmenden haben ein Interesse am Thema Performance und an altersheterogenen Zielgruppen.
- Manche werden Erfahrungen entweder mit performativen Verfahren und/oder mit der beschriebenen Zielgruppe haben, andere nicht.

Vielleicht wäre es jetzt naheliegend, das erste Treffen „klassisch“ zu beginnen: Begrüßung der Teilnehmenden im Stuhlkreis, Überblick über das Thema geben etc. Da ihr Thema aber Performance ist, wagt sie einen experimentellen, performativen Zugang – auch um das Thema unmittelbar analog auf der Erfahrungsebene zu vermitteln:

Der Kurs beginnt damit, dass die Teilnehmenden an der Rezeption der Einrichtung (einer Bildungsstätte) einen Brief erhalten, in dem sie gebeten werden, den Seminarraum zu betreten und danach den dort auf Post-Its an den Wänden angebrachten Handlungsanweisungen zu folgen. Im Raum läuft an eine Wand projiziert in Dauerschleife eine Applaussituation einer intergenerationellen Theaterproduktion. Die anderen Wände sind mit Post-Its beklebt, auf denen Sätze stehen wie: „Findet euch zu zweit zusammen und spekuliert über das Stück und seine Themen, das vor dem Applaus zu sehen war." „Stellt euch der Reihe nach und ohne zu sprechen dem Alter nach in einer Linie auf." „Fertige eine Skizze an, die für dich die Möglichkeiten und Grenzen von intergenerationeller Theaterarbeit markiert. Übersetze danach die Skizze in Bewegung und präsentiere sie einer Partner*in" etc. Die Theaterpädagog*in ist nicht anwesend, sondern kommt nach einer Stunde in den Raum und lädt die Teilnehmenden ein, die gemachten Erfahrungen zu reflektieren und mit dem ausgeschriebenen Thema des Kurses in Verbindung zu bringen.

Die Theaterpädagog*in kreiert aufgrund ihrer Hypothesen mit ihren Methoden eine Einstiegssituation, die zum Einen an die (unterstellte) Erfahrungswelt der Teilnehmenden anknüpft: Theatererfahrung. Zum anderen will sie damit hinreichend irritierend sein (keine „klassische Begrüßungssituation" im Stuhlkreis), damit sie analog dem Thema „Performative Verfahren" einen Impuls setzt, der eine oder mehrere Neuigkeiten enthält: Zum Beispiel, dass performative Formate gängige Erwartungen dekonstruieren, mit Unsicherheiten und Risiken verbunden sind.

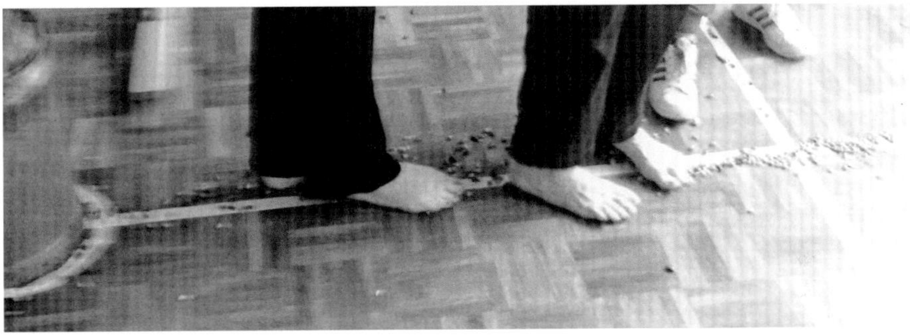

Nehmen, was kommt ...

C. Noch ein Entwurf – Baum und Rhizom

Zwischen Reiz und Reaktion liegt ein Raum.
In diesem Raum liegt unsere Macht zur Wahl unserer Reaktion.
In unserer Reaktion liegen unsere Entwicklung und unsere Freiheit.
Viktor Frankl

Im dritten Schritt tun wir noch einmal das, was Theaterkunst nun mal tut: Wir schaffen neu. Inspiriert von dem, was wir bisher in den Teilen A und B dieses Aktes ausgeführt haben, gestalten wir nun ganz „szenisch-systemisch" unsere eigene Wirklichkeit und drücken unsere subjektive Wahrnehmung und persönliche Perspektive in einem weiteren möglichen Modell einer Didaktik der Theaterpädagogik aus.

Bewusst möchten wir diesmal ein natürliches, organisches Bild wählen, um vom vermeintlich kausalen und linearen Denken wegzukommen, das mit den klassischen Modellen oft verbunden scheint (vgl. Teil A) und die systemischen Überlegungen der eigenen Konstruktion von Wirklichkeit verarbeiten (vgl. Teil B).

Folgende Fragen vorweg:

Du fängst bei A an und endest bei B?! An diesem Ende steht ein Ergebnis, möglichst ein erfolgreiches?! Doch wo ist eigentlich A? Und was genau ist B? Musst du tatsächlich immer bei A anfangen? Was könnte, was müsste zwischen A und B liegen oder passieren?

Wenn du stattdessen bei C ankommst, bist du dann gescheitert? Was passiert, wenn der Prozess nicht „erfolgreich" ist und du scheiterst? Wie nutzt du den Prozess von Versuch und Irrtum als kreativen Prozess? Ist Scheitern eine Strategie? Welche Parameter könnten ermessen, was „erfolgreich" bedeutet bzw. was „Scheitern" heißt?

Wie kannst du tatsächlich reichhaltige, multimodale, interessante und kommunikationsorientierte Möglichkeiten und Räume schaffen? Wie treten die „Elemente" deiner Gruppe, deines Prozesses in Interaktion? Wie kannst du intervenieren? Wie schaffst du also deine Wirklichkeit? Wie passt du dich/ihr euch an sich ständig verändernde Kontexte an? Welche Dynamiken entstehen dabei und wie reagierst du darauf?

Noch einmal: Wir behaupten, dass …

- ein theaterpädagogischer Prozess nicht linear, sondern zirkulär verläuft,
- du selbst bestimmen kannst, wo er beginnt,
- (wo dein A ist bzw. ob du überhaupt bei A beginnst),
- zwischen A und B, zwischen Entwurf und Ereignis, zwischen künstlerischen, pädagogischen Impulsen und einer Reaktion, dein Möglichkeits-

raum liegt, in dem du gemeinsam mit den Teilnehmenden die Macht, die Freiheit, aber auch die Verantwortung besitzt, zu gestalten, zu experimentieren, auszuprobieren und/oder auch zu scheitern,
- Scheitern eine Strategie der Theaterpädagogik ist und als eine entscheidende Gestaltungskraft theatral genutzt werden sollte,
- viele Momente innerhalb des theaterpädagogischen Prozesses subjektiv und situativ und also nicht messbar sind; wesentlich ist hier, diese Tatsache bewusst zu haben und kreativ zu nutzen. Du gestaltest organische Entwicklungen und Verwandlungen; das einzig Beständige ist der Wandel.

Diese Behauptungen möchten wir abbilden.

Ich lebe mein Leben in wachsenden Ringen,
die sich über die Dinge ziehen.
Rainer Maria Rilke

Schaust du dir die bisherigen Modelle (vor allem bezogen auf Teil A) aus der Vogelperspektive an, entdeckst du Kreise, die ähnlich den Lebensringen eines Baumes von innen nach außen wachsen. Im Mittelpunkt steht der Mensch.

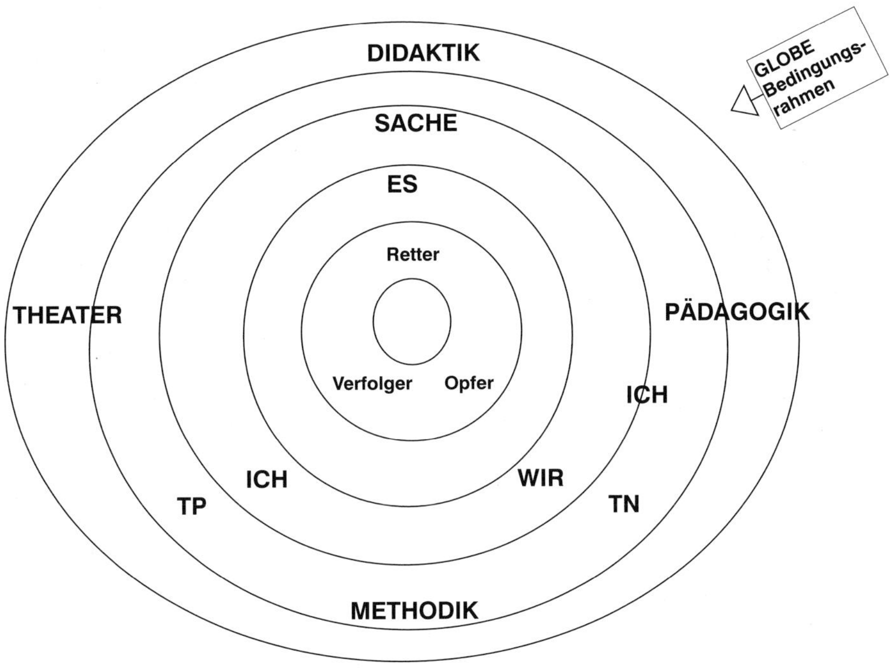

Der Mensch steht im Mittelpunkt; um ihn herum ein Kosmos verschiedener (Beziehungs-)Möglichkeiten.

Stellst du innerhalb aller abgebildeten (didaktischen) Elemente durch organische Linien alle möglichen Beziehungen her, entsteht ein dichtes, fast chaotisch erscheinendes Geflecht, wie ein Wurzelwerk. Den Verbund aller dieser Parameter bezeichnet Mira Sack (2012) als „eine fachdidaktische Basis der Theaterpädagogik", die als Grundlage für das Handeln zwischen Gegenständen, Subjekten und Vermittlungsweisen gelten könne: ein didaktisches Rhizom. Ein Rhizom (griechisch ῥίζωμα/rhizoma „Eingewurzeltes") ist in der Botanik ein meist unterirdisch oder dicht über dem Boden wachsendes Sprossachsensystem („Erdspross"). In Anlehnung an dieses natürliche Gebilde wird ein Rhizom in der Philosophie als Metapher für dicht verflochtene Systeme verwendet, welche ein Netz aus gleichwertigen Elementen bilden und keiner hierarchischen Struktur verpflichtet sind (vgl. Sack 2012, S. 109).

Die Metapher des Rhizoms führt das Bild des theaterpädagogischen Prozesses als organisches, vielschichtig verflochtenes (Wurzel-)System also weiter: Alle Punkte können hier miteinander verbunden werden. Eine feste Struktur ist möglich, aber nicht zwingend. Statt Einheiten entstehen Vielheiten: Viele Ansätze und Perspektiven können frei verbunden werden und stehen symmetrisch statt komplementär zueinander. Das Rhizom wird oft als Gegenmodell zum „Baum des Wissens" verwendet, welcher eher für die Abbildung traditioneller Organisationsstrukturen genutzt wird. Wir möchten beide miteinander verbinden, sehen wir persönlich das Baummodell doch ebenso als Metapher organischer, nicht hierarchischer Entwicklungen. Hier könnte das Rhizom das Wurzelsystem sein, aus der theaterpädagogische Bäume (Prozesse/Produkte) erwachsen, immer wieder anders, immer wieder neu.

Du als Theaterpädagog*in legst die Saat, damit sich Wurzeln ausbilden und Bäume entwickeln können. Du begleitest das Wachstum und setzt dazu Impulse (wässern, düngen). Wie aber etwas wächst, sprich, welcher Baum sich wie ausbildet, ist immer anders und konstruiert sich (z.T. eigenständig und „autopoietisch") aus der Zusammensetzung des jeweiligen Systems (ICHs, WIRs, ES) heraus sehr individuell.

Johann Wolfgang von Goethe hat sinngemäß formuliert, man solle den Menschen für ihre persönliche Entwicklung zwei Dinge mitgeben: Wurzeln und Flügel.

Erkenntnisse aus der Bindungs- und Hirnforschung weisen immer wieder darauf hin, dass Sicherheit und Freiheit zentrale Momente von gelungener Entwicklung sind. Dies gilt auch und besonders für Lernprozesse, denn nachhaltige Bildungsarbeit setzt Bindungen zwischen Menschen voraus. Bildung entsteht aus Bindung. Und diese ist getragen von Nähe, Aufmerksamkeit, Zuneigung, Interesse, Staunen, Neugierde und Zutrauen.

Vielleicht ist es das, was du als Theaterpädagog*in tun darfst: Du legst die Saat, aus der sich die Wurzel, das Rhizom (die Basis, der Rahmen) des theaterpädagogischen Prozesses bildet. Die Wurzel, aus der dann die unterschiedlichsten Projekte und Persönlichkeiten erwachsen. Innerhalb dieses Prozesses dürfen sowohl du als auch deine Teilnehmenden die jeweiligen Flügel frei entfalten, die eigene Fantasie fliegen lassen. Du gibst diesen Vorgängen einen Rahmen, um diese (verantwortungs-)bewusst und achtsam zu ermöglichen und zu begleiten.

Übertragen auf eine systemische Didaktik und Methodik in der Theaterpädagogik bedeutet das: Ein theaterpädagogischer Prozess gipfelt im Zusammenspiel verschiedenster Elemente, die innerhalb eines Beziehungsgeflechtes zusammenwirken: Theaterpädagog*in, Teilnehmende, Theaterkunst, pädagogische Interventionen, Inhalte und Themen, Zielsetzung, Erwartungshaltungen und Einflüsse von außen, innere Einstellungen einzelner Personen, äußere Voraussetzungen einzelner Personen, diverser Sub-Systeme, Dynamik einer Gruppe, Bindungen, Zuschauende, Methoden u.v.m.

Jedes Mal besteht der Prozess aus diesen, denselben „Samen". Doch in keinem Fall sind es die gleichen. Beispiele:

Ein*e Theaterlehrer*in unterrichtet „Darstellendes Spiel" in der Schule. Ihre Teilnehmenden sind 30 Schüler*innen der Sekundarstufe I. Sie sind verpflichtet, am Unterricht teilzunehmen. Für alle ist das Arbeiten mit Theater eine neue Erfahrung. Die Theaterlehrerin hat einen genauen Lehrplan zu befolgen. Am Ende des Projektes, für das sie ein Schuljahr Zeit hat, muss sie ihre Schüler*innen mit einer Note bewerten. Inhalt ihres Projektes ist die Umsetzung einer Geschichte mithilfe des Schattentheaters. Sie arbeitet mit den Schüler*innen in einem Klassenraum. Ziel soll sein, eine Präsentation beim Schulfest zu erarbeiten. Zuschauende sind Kolleg*innen, Mitschüler*innen und Eltern.
Ein*e Theaterpädagog*in arbeitet als Dozentin in der Ausbildung von Theaterpädagog*innen. Ihre Teilnehmenden sind 8 Studierende im Alter zwischen 20-50 Jahren. Sie absolvieren die Ausbildung freiwillig, begleitend zu ihrem Berufsalltag. Alle haben bereits eine Grundlagenausbildung hinter sich und vertiefen nun ihr Theaterwissen. Sie hat einen großen Raum mit Holzboden, Musik- und Lichtanlage zur Verfügung. Die Dozentin orientiert sich an den Rahmenrichtlinien des Bundesverbandes Theaterpädagogik. Am Ende des Moduls, für das sie eine Woche Zeit hat, sollen alle Teilnehmenden einen Einblick in die systemische Didaktik und Methodik in der Theaterpädagogik gewonnen haben.
Ein*e Theaterpädagog*in leitet eine Theatergruppe. Ihre Teilnehmerinnen sind 12 Frauen im Alter zwischen 70 und 85 Jahren. Sie kommen freiwillig im Rahmen eines Freizeitangebotes. Es gibt keine thematischen Vorgaben. Die Gruppe trifft sich im Freizeitraum der Einrichtung, der auch für andere Freizeitangebote genutzt wird. Die Gruppe hat drei Monate Zeit. Der Fokus liegt auf dem Prozess. Ziel ist, den Bewohner*innen Abwechslung zu bieten.

Wir könnten jetzt fortfahren, unzählige weitere Beispiele aufzuführen, die immer mit denselben grundsätzlichen Elementen verschiedenste und vielfältigste Konstellationen herstellen. Deutlich wird auch so, dass …

- es sich bei allen Beispielen trotz der Unterschiede um theaterpädagogisches Arbeiten und Lernen handelt, welches einer Grundstruktur folgt und einer didaktischen Fragestellung: Wer (Theaterpädagog*in) arbeitet theaterpädagogisch mit wem (Zielgruppe) zu welchen Inhalten/Themen mit welchem Ziel (Sache), wie (Methoden), womit (Material, Medien), wann und wo (Zeit, Ort), mit welchem Ergebnis? Ist das Projekt produktorientiert, würden wir noch die Frage für wen (Publikum) hinzufügen.
- alle Projekte zur Umsetzung ihrer Ziele und zur Gestaltung ihrer Themen ähnliche künstlerische und pädagogische Methoden nutzen werden.

Doch trotz ähnlicher Grundstrukturen und vergleichbarer Fragestellungen lassen sie sich schwer in nur einem Schema verorten. Es gibt kein Patentrezept, welches man auf alle diese Situationen gleichermaßen anwenden könnte, keine fixierten Modelle, sondern ausschließlich lebendige, organische Systeme. Daher das Bild des Baumes.

Die Samen, die du aussäst (Zielgruppe, Zeitrahmen, Ort, Thema, Zielsetzung, Prozess- oder Produktorientierung) verbinden sich zu einem jeweils anderen Beziehungsgeflecht. Dieses Geflecht, diese Wurzel ist die Basis, der Nährboden, der Entwurf, aus dem dein Projekt, dein Ereignis erwächst. Jedes hat ähnliche Vorzeichen, jedes heißt Theaterpädagogik und ist doch anders, individuell, experimentell.

Jede Saat oder Wurzel hat andere Wachstumsbedingungen, d.h. als Theaterpädagog*in verhältst du dich jeweils anders, bereitest du dich anders vor, wählst andere, geeignete Methoden aus, leitest die gleichen Methoden anders an, um jeweils optimale Wachstumsbedingungen zu schaffen.

Und am Ende stehen da verschiedene Bäume, erhältst du andere Produkte. Mal solche mit kräftigem Stamm, mal krüppelig kleine, verhutzelte. Mal solche mit üppigem grünen Blätterwerk, mal welche mit kahlen Ästen. Wer vermag darüber zu urteilen, welcher Baum der Bessere sei?

Und so, wie jeder Prozess eine andere Entwicklung nimmt, hat auch jede*r einzelne Teilnehmende innerhalb des Prozesses ihre eigene Entwicklungslinie. Manche blühen auf, manche brauchen noch den Schutz der Knospe. Eine wird ein kräftiger Ast und trägt die Gruppe. Der andere ist die grelle, rote Frucht, die immer an der Rampe zu finden ist. Und manchmal, ja, da „wachsen auch Monster auf Bäumen" (Kommentar eines Teilnehmenden im Rahmen einer Theaterpädagogik-Weiterbildung).

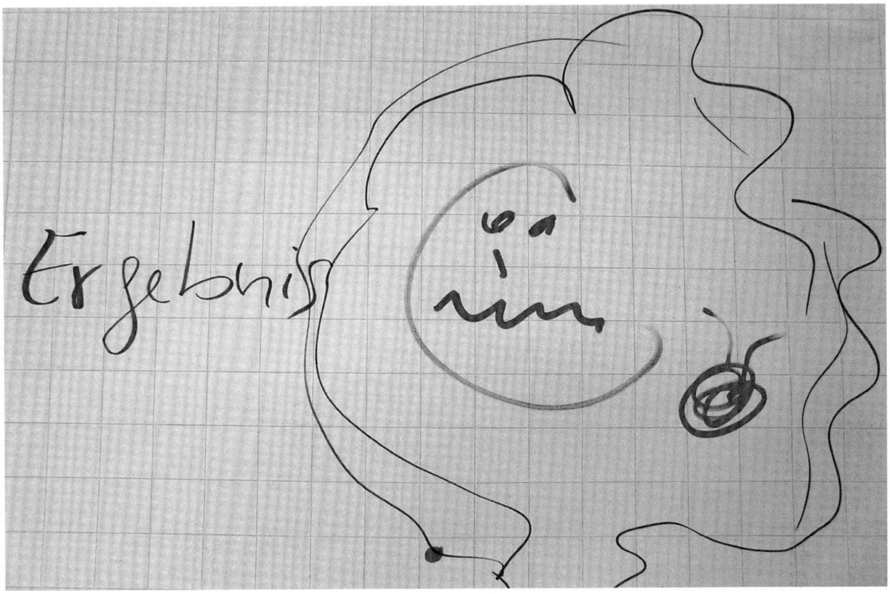

Manchmal wachsen auch Monster auf Bäumen.

Ich habe nie verlangt, dass allen Bäumen eine Rinde wachse.
Gotthold Ephraim Lessing, Nathan der Weise

Jede Erfahrung, die Menschen innerhalb des einen theaterpädagogischen Wachstumsprozesses machen, nehmen sie in den nächsten wieder mit hinein. Erfolg motiviert. Scheitern frustriert. Beides kann jedoch – mit entsprechender Bedeutungsgebung – zu einer inspirierenden Lernerfahrung werden. Hier wird das künstlerische Arbeiten zum Kreislauf, den auch die Natur des Baumes kennt. Früchte und Blätter erblühen, sind für eine bestimmte Zeit der Status quo. Dann vergehen sie, werden zu Humus, aus dem Neues, Anderes, Einzigartiges entsteht.

Theater als vergängliche Kunst, Theaterpädagogik als zeitlich eingegrenzter Prozess findet im Hier und Jetzt statt, entsteht jedoch immer wieder und immer wieder neu und weist als Kunst der Erfahrung immer auch schon über seine Grenzen hinaus. Ebenso gibt es eine Vernetzung zwischen verschiedenen parallelen Prozessen. Sie können einander befruchten. Zuschauen hilft dem Schauspielen. Lernen hilft dem Leiten. Ein Baum ist noch kein Wald. Durch die Vielfältigkeit und Vernetzung künstlerischen und pädagogischen Schaffens entsteht die Disziplin Theaterpädagogik. Auch da kann die Natur Vorbild sein: Bäume kommunizieren über ihre Wurzel, schließen sich über ihr Wurzelwerk zusammen. Jeder Baum ist dabei wertvoll für die

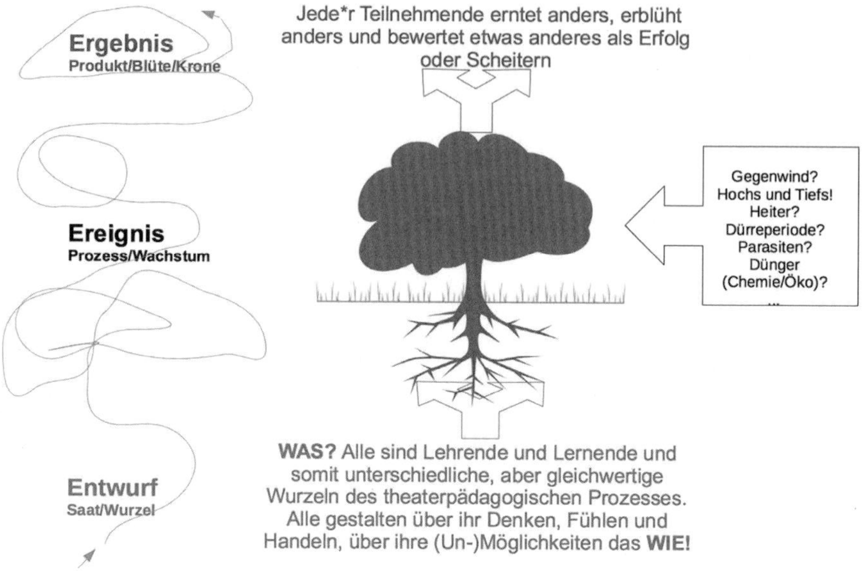

Das Baummodell als ein weiteres mögliches Modell einer Didaktik der Theaterpädagogik

Gemeinschaft. „Daher unterstützt man sogar kranke Exemplare und versorgt sie mit Nährstoffen, bis es ihnen wieder besser geht. Beim nächsten Mal ist es vielleicht umgekehrt." (Wohlleben 2015, S. 11)

Die Erfahrungswissenschaft Pädagogik trifft also auf die Erfahrungskunst Theater, und alles, was sich dabei ereignet, „Erfahrung und Erinnerung, Erkenntnis und Gefühl, Erprobung und Veröffentlichung", ein Scheitern und ein sich gegenseitig wieder aufhelfen, bildet die Grundlage für neue Wissensformen und macht laut Heiner Müller das theaterpädagogische Lernen und Arbeiten zum Labor der Fantasie (vgl. Vaßen 2012, S. 54).

Im Folgenden untermauert ein kleiner Exkurs in die Praxis, wie die einzelnen Bestandteile der theaterpädagogischen Didaktik in Wechselwirkung miteinander stehen.

EXKURS: Standbild

Arbeitsschritte

Im Modul „Systemische Didaktik und Methodik" in der Theaterpädagogikausbildung der Akademie der Kulturellen Bildung hatten die Teilnehmenden den Arbeitsauftrag, ein Standbild zu den grundlegenden didaktischen Elementen unserer ersten Schaubilder (Teil A) zu entwickeln. Die Anleitung erfolgte in diesen Schritten:

1. Die Gruppe zählt immer wieder neu von eins bis sieben durch. Alle Teilnehmenden mit der Eins tun sich zusammen. Alle mit der Zwei bilden eine Kleingruppe usw.
2. Jede Kleingruppe erhält einen der Begriffe, den sie verkörpern soll: Theater, Pädagogik, Didaktik, Methodik, Theaterpädagog*in, Teilnehmende, Sache. Das Bild darf Bewegungen beinhalten. Geräusche dürfen genutzt werden. Die Teilnehmenden bekommen zehn Minuten Zeit.
3. Im Anschluss werden zunächst alle Standbilder einzeln präsentiert, wahr- und angenommen.
4. Danach werden die Bilder zueinander in Beziehung gestellt. Die Teilnehmenden werden dazu aufgefordert, in beliebiger Reihenfolge, ihrem eigenen Impuls folgend, nach und nach den (Möglichkeits-)Raum zu betreten, um sich eine Position zu suchen, die für sie in diesem Moment stimmig erscheint. Steht ihr Bild in der Mitte des Raumes oder am Rand? In welche Richtung gehen die Blicke? Welche Raumebenen werden genutzt? Nach und nach tritt ein „Begriff" nach dem anderen hinzu. Die Nachfolgenden sind daher gezwungen, sich auch immer in Bezug zu den bereits anwesenden Elementen zu setzen, Nähe und Distanz auszuloten. Was ist in der eigenen Position von den anderen noch sichtbar, was bleibt verborgen, was kann man lediglich erspüren?
5. Sobald alle Elemente zueinander im Raum stehen und ein Gesamtbild ergeben, dürfen die Teilnehmenden zunächst nachspüren, wie sich die momentane Situation für ihr verkörpertes Element anfühlt. Wo steht es im Gesamtkontext, was löst das aus, fühlt es sich stimmig an, wenn ja/nein, warum?
6. Danach haben alle die Möglichkeit, insgesamt dreimal ihre Position noch einmal zu verändern, um dann in einer endgültigen Haltung einzufrieren.
7. Die Spielleitung geht durch den Raum und befragt die Teilnehmenden nach ihren momentanen Befindlichkeiten und Bedürfnissen. Sie äußern sich als Stellvertreter*innen aus der Perspektive des dargestellten Elementes.
8. Die Teilnehmenden schütteln ihre Rolle ab und reflektieren die Übung in der Großgruppe.
9. Erkenntnisse werden festgehalten und bejubelt.

Verlauf der Übung – Beobachtungen von außen aus der Perspektive der Kursleitung:

Das didaktische Element **Theater** betritt als erstes den Raum. Die zwei Personen, die das Element im Bild verkörpern, haben sich in die Rollen der Spielenden und die der Zuschauenden aufgeteilt. Der Spielenden-Teil bewegt sich unaufhörlich durch den Raum, um immer wieder unvermittelt stehenzubleiben und verschiedene Posen einzunehmen. Der Zuschauende-Teil sitzt in der Mitte des Raumes auf dem Boden und folgt den Aktionen der Spielenden mit seinen Blicken.

„Eine Frau geht durch den Raum, während eine andere ihr zusieht, das ist alles, was für ein Theater notwendig ist", geht es mir – frei nach Peter Brook (1983, S. 9) – durch den Kopf.

Das Element **Didaktik** tritt als nächstes auf den Plan. Es wird durch drei Teilnehmende verkörpert, die sich ebenfalls in der Mitte des Raumes, direkt neben den Zuschauenden (s.o.) platzieren. Ein Didaktik-Teil hält einen imaginären Schlüssel in den Händen, dreht die anderen Teile damit auf und setzt sie so in Bewegung. Diese „Tanzenden" vollführen Drehungen und Bewegungen in alle Richtungen. Die Didaktik gibt also Impulse, die Sachen und Menschen in Bewegung, in einen Prozess versetzen!?

Das Element **Sache** wird durch zwei Personen vertreten. Eine von ihnen steht in der Startposition einer Läuferin an der Bühnenrampe. Die andere an dem (Ziel-)Punkt im Raum, der am weitesten von dieser Läuferin entfernt ist. Daraufhin zählen beide wie zu einem Startsignal runter, die Läuferin startet durch und klatscht sich am Zielpunkt mit der zweiten Person ab. Die Sache kennt also einen Anfang und ein Ende. Dazwischen legt sie einen Weg zurück.

Das Element **Methodik** wird folgendermaßen bebildert: Zwei Spielende laufen durch den Raum und werfen einander dabei einen Ball zu.

Das Element **Theaterpädagog*in** wird durch eine Statue aufgestellt, die aus drei Spielenden besteht: Die drei stehen in einer Linie mitten im Raum, alle in eine Richtung nach vorne blickend. Die mittlere Person breitet die Arme einladend aus, die Personen rechts und links halten jeweils nachdenklich ihre Hand ans Kinn.

Das Element **Pädagogik** reicht in einem fort Gegenstände weiter. Ein Teil gibt sie dem anderen, der es wiederum weitergibt usw.

Das Element **Teilnehmende** wird von zwei Spielenden dargestellt: Sie gehen zu zweit durch den Raum, mit großen Augen in alle Richtungen blickend. Die eine ist forsch und neugierig und geht selbstbewusst vorweg. Der andere versteckt sich hinter dem Rücken der Vorderen und blickt immer wieder schüchtern und ängstlich über deren Schulter hinweg.

Das Endbild – aus Sicht der verschiedenen Elemente innerhalb des Systems:

Die **Sache** stellt sich ins Zentrum des Bildes. „Wir sind doch der Anfang von allem!?"

Ihr zu Füßen sitzt ein Teil des didaktischen Elementes Theater: die Zuschauende. Sie betrachtet die Spielende, die sich nun vorne rechts an der Rampe positioniert hat. Gemeinsam verkörpern sie das Theater und das sei hier das Wichtigste, meinen sie.

Die **Didaktik** will auch im Mittelpunkt stehen und ist daher nah beim Element „Sache" im Zentrum des Raumes zu finden. „Wir sind der Schlüssel zum Ganzen", ist ihre Überzeugung.

Die **Teilnehmenden**, nun ängstlich verschreckt am äußersten linken Rand des Raumes, beklagen: „Wir fühlen uns überfordert. Wir möchten, dass sich jemand um uns kümmert!"

Die **Methodik** positioniert sich nah zu den Teilnehmenden und hat sie fest im Blick. „Wir bieten den Teilnehmenden viel an, aber die nehmen es ja nicht", jammern sie.

Die **Pädagogik** steht rechter Hand der Methodik und hinter der Sache. Die zwei Spielenden, welche dieses didaktische Element verkörpern, haben ihre Blickrichtungen gerecht aufgeteilt. Eine behält die Teilnehmenden im Auge, die andere die Didaktik: „Wir sind die Klammer zwischen diesen Elementen, müssen vermitteln. – Und wir wollen die Teilnehmenden da abholen, wo sie sind. – Es gibt viel zu beachten."

Und wo ist die **Theaterpädagog*innen**-Statue gelandet? Sie steht – immer noch bewegungslos – am äußersten linken Rand des Raumes, also auf der ganz gegenüberliegenden Seite der Teilnehmenden. Die drei Personen, die sie verkörpern, wirken demütig, dienend, nachdenklich und beobachten das Ganze von außen. Die Teilnehmenden können sie dabei „gar nicht richtig sehen". Kein Wunder, denn zwischen diesen und ihnen ist noch das Theater, die Didaktik, die Sache, die Pädagogik und die Methodik. „Die Teilnehmenden sollten sich mehr einbringen", fordern die Theaterpädagog*innen deshalb.

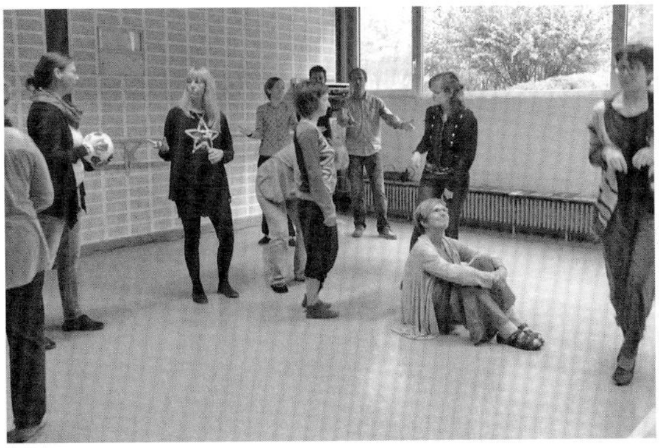

Unser Standbild: Die Methodik spielt Ball. Die Zuschauende schaut Theater ...

Wesentliche Erkenntnisse für das System

Alle Elemente des Systems sowie alle am Prozess beteiligten Personen möchten wichtig sein, gesehen werden, im Mittelpunkt stehen, wahr- und ernstgenommen werden.

Wenn sich ein Element innerhalb des Systems bewegt, verändert sich die gesamte Situation/Beziehungskonstellation und alle müssen (re-)agieren.

Transfer

Durch die Schau- und Standbilder wird deutlich, dass alle für den theaterpädagogischen Prozess relevanten didaktischen Elemente, alle Dinge und Menschen ihre individuellen Bedürfnisse und Befindlichkeiten mitbringen. Zusätzlich bilden sie ein Beziehungsgeflecht, welches einen eigenen Organismus, ein eigenes Sub-System mit eigenen Gesetzen und Notwendigkeiten darstellt. Alle diese ES, ICHs, WIRs und das GLOBE stellen Bedingungen.

Deshalb ist es hilfreich, Folgendes vorweg zu klären:

- Wie kannst du als Theaterpädagog*in diese Bedingungen erfüllen, wie allen Bedürfnissen und Befindlichkeiten gerecht werden?
- Muss du überhaupt alle Bedingungen erfüllen, allen Bedürfnissen und Befindlichkeiten gerecht werden, oder ist es notwendig, von vornherein Fokussierungen zu setzen und Abstriche zu machen?
- Wie gestaltest du Kontakte und Beziehungen? Zu Einzelnen? Zur Gruppe?
- Wie kannst du die Teilnehmenden in diesen Prozess einbinden?
- Was ist eine angemessene Zielsetzung für das theaterpädagogische Lernen und Arbeiten?
- Und wie kannst du letztlich ermessen, ob das Ziel erreicht, das Projektvorhaben gelungen ist?

Im nächsten Akt wollen wir uns diesen Fragen widmen. Wir gehen dabei von der Behauptung aus, dass alles eine Frage der Haltung ist, sprich, es unabdingbar ist, als Theaterpädagog*in vorweg eine eigene HALTUNG einzunehmen und persönliche, innere Bedingungen zu klären, bevor überhaupt äußere Bedingungen an den Prozess oder das Produkt formuliert werden können.

Unsere These ist, dass nur Fragen, die unsere innere Haltung als Theaterpädagog*in – sowohl in unserer pädagogischen Funktion wie auch als Mensch – vorweg bewusst klären ...

Beispiele

Willst du das Projekt überhaupt machen?
Wie viel oder wenig bist du als Person dafür bereit zu geben?
Was ist dein Ziel, Anliegen, Wunsch?
Mit wem willst du arbeiten?
Welche Inhalte interessieren dich?
Welche Kunstformen interessieren dich?
Was kannst du gut, wo sind deine Grenzen?
Welche Methoden magst du/kannst du anleiten?
Wie viel Zeit, Energie steht dir zur Verfügung?
Willst du mit anderen ein Team, ein Netzwerk bilden und wenn ja, mit wem?
usw.

... zu angemessenen Antworten führen, um einen Rahmen, eine Struktur und äußere Bedingungen für den theaterpädagogischen Prozess klar und zielweisend zu formulieren:

Das ist für mich Theaterpädagogik!
Das ist meine Zielgruppe!
Das ist der geeignete Ort/Raum für mein Projekt!
Mit dieser Institution arbeite ich zusammen!
Das ist mein/unser Thema!
Das sind meine Partner*innen!
Das sind meine Kompetenzen!
Das sind meine Grenzen!
usw.

Nur so ist es möglich, als Theaterpädagog*in nicht ausschließlich auf Zustände zu reagieren, sondern, ganz im Sinne der Theaterkunst, eigene Zustände zu erschaffen und zu gestalten. Anstelle von kausalen, linearen Handlungsstrategien stehen in der didaktischen Reflexion somit flexible, organische Handlungsoptionen im Fokus (vgl. Sack 2012, S. 106).

Die schlechte Nachricht ist also:
Es gibt kein Muster, kein Patentrezept, das du ganz einfach übernehmen und anwenden kannst.
Die gute Nachricht ist aber:
Du musst den Elefanten nicht auf den Baum bekommen, wenn du es nicht für sinnvoll und angemessen hältst.

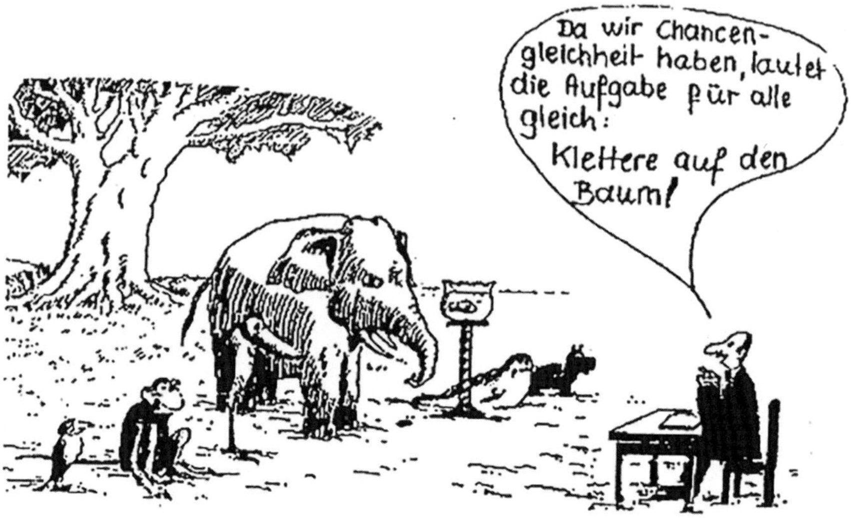

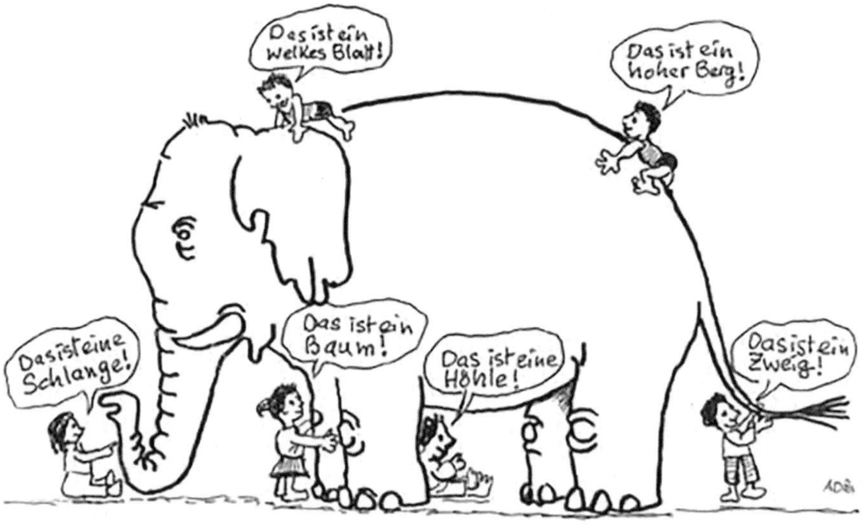

Nicht alle Elefanten müssen auf den Baum hinauf, und ein Elefant ist auch nicht immer ein Elefant …

D. Konstruktion des eigenen Modells

T

Bau dein eigenes Modell
Es ist sicherlich interessant, wenn du einmal versuchst, dein eigenes Schau- und/oder Standbild zu den grundlegenden didaktischen Komponenten zu entwickeln. Vielleicht gibt es eine Gruppe, mit der du das ausprobieren kannst. Es ist aber auch möglich, allein, mithilfe beschrifteter Karten, Requisiten oder Playmobilfiguren, eine Visualisierung deiner Haltungen und Ideen abzubilden.

Didaktische Überlegungen für die Storming-Phase

Das Ziel der „aufsteigenden Handlung" ist es, alle Beteiligten/Elemente des Prozesses (Menschen und Sache) gut kennenzulernen, sich ein Bild vom System und seinen Elementen zu machen, in Resonanz zu bringen mit dem, was da ist, und letztlich die Beziehungen und Strukturen, die sich daraus ergeben, wahrzunehmen und zu analysieren. Sie bilden die Wurzel für das Wachstum des Theaterprozesses.

Du lässt dich als Theaterpädagog*in ein auf die Entwicklung Einzelner und der Gruppe, beobachtest wohlwollend die Dynamiken, die in der ersten Zusammenarbeit entstehen, mit so viel (menschlicher) Nähe wie möglich und so viel (professioneller) Distanz wie nötig. Du setzt Impulse, etablierst klare Regeln. Das soll Sicherheit bieten, aber nicht einengen oder festlegen.

Störungen haben im Prozess immer Vorrang. Sie werden, wenn nötig, explizit thematisiert. Oder ihnen wird ein Platz gegeben, wo sie Raum haben können (Kontextualisierung). Optimal ist es, ihnen gestalterische Kraft abzugewinnen.

Hypothesen für die Storming-Phase

- Jede*r möchte sich einen guten Stand und eine klare Rolle in der Gruppe erarbeiten.
- Jede*r will als Person mit eigenen Interessen, Fähigkeiten und Befindlichkeiten wahr- und ernstgenommen werden.
- Jede*r will Ideen einbringen.
- Jede*r hat andere Erwartungen und ein anderes Verständnis von Gruppe, von Theater, vom Thema …

- Jede*r kommt woanders her und will woanders hin.
- Jede*r äußert sich in einer anderen „Sprache", hat einen individuellen Ausdruck.
- Jede*r hat Fähigkeiten und Grenzen.
- Gemeinsam wollen sie ein Ensemble werden, das auf ein Ziel hinarbeitet.
- Der Prozess soll menschliche und ästhetische Qualität haben.

Didaktisch-methodische Prinzipien, die hilfreich sein können

- Strukturen und Regeln zur Kommunikation etablieren (z.B. Feedback-Regeln). Das gibt Sicherheit und Klarheit.
- Transparenz schafft Klarheit. Alle Arbeitsschritte, auch Bedenken ... kommunizieren.
- Positives Handeln verstärken, individuelle Ressourcen fördern, spezielle Fähigkeiten nutzen, um Motivation und Mut einer jeden Einzelnen zu fördern, sich einzubringen.
- Identitätsstiftende Rituale stärken den Zusammenhalt der Gruppe und bilden eine gemeinsame Sprache aus.
- Wiederholung schafft positive Gewöhnung und einen vertrauten Rahmen.
- Streitkultur als kreative Kraft nutzen. Reibung erzeugt Wärme.

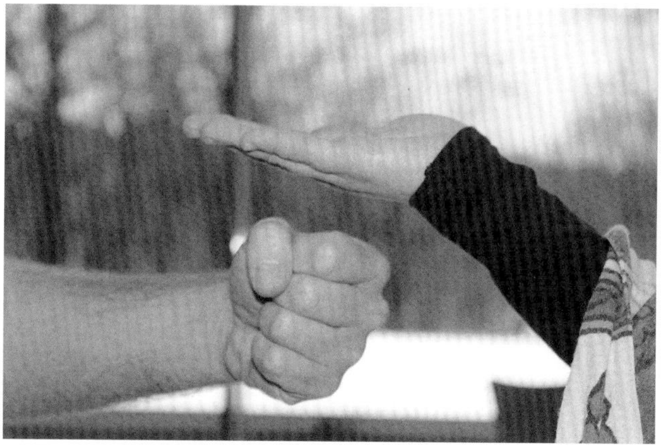

Streitkultur als kreative Kraft nutzen. Reibung erzeugt Wärme!

Hier geht es darum, den Mut zu haben, eigene Anschauungen, Bilder, ... zu entwickeln und selbstbewusst in die (Arbeits-)Welt hinauszutragen. Dazu bedarf es Mut, Mut und, ach ja, Mut!

Haltestelle II: Mut tut gut

Ü

Mut – ein identitätsstiftendes Ritual

Ein Ritual für dich und/oder deine Gruppe könnte Folgendes sein. Probiere es aus. Du/Ihr stellt euch in den Raum und sprecht „Mut, Mut, Mut, der/die das .... wird/ist gut!!!! Ergänze den Satz um deine und eure individuellen Inhalte, z.B. ... meine Anleitung ist gut! ... unsere Probe, die wird gut! Usw.

Entwickelt dazu verstärkende Gesten, eine eigene Art, den Satz zu sprechen, zu flüstern, zu denken, zu singen ... Macht daraus euer Mantra/Ritual.

Ü

Dein Modell

Entwickle dein eigenes mentales Modell zu deinem theaterpädagogischen Prozess. Welche Bilder sind deine? Gehst du mit allen Elementen auf eine Schiffsreise, pflanzt du einen Baum, organisierst du eine Didaktik-Party? Baue, male, bastle, spinne rum ...

Ü

Singe den Didaktik-Song

Es ist äußerst befreiend, aus voller Kehle ein Liedchen zu schmettern, besonders dann, wenn man sich gerade mal wieder klargemacht hat, dass es keinerlei Patentrezepte für die eigene Tätigkeit gibt. Also, singt mit uns zur Melodie von „Fünf kleine Fische“ (vgl. http://kinderliederzummitsingen.de/fuenf-kleine-fische/, aufgerufen am 15.2.2018):

> Zehn kleine Fragen,
> die stehen im Raum.
> Da sagt die Pädagog*in:
> Ich glaub es kaum.
> Ich hätt viel lieber ein Patentrezept.
> Doch das gibt's nicht,
> so ne Scheiße,
> auch wenn ich es gern hätt.
> Dak di Dak di Dak di Dak tik.
> Dak di Dak di Dak di Dak tik.

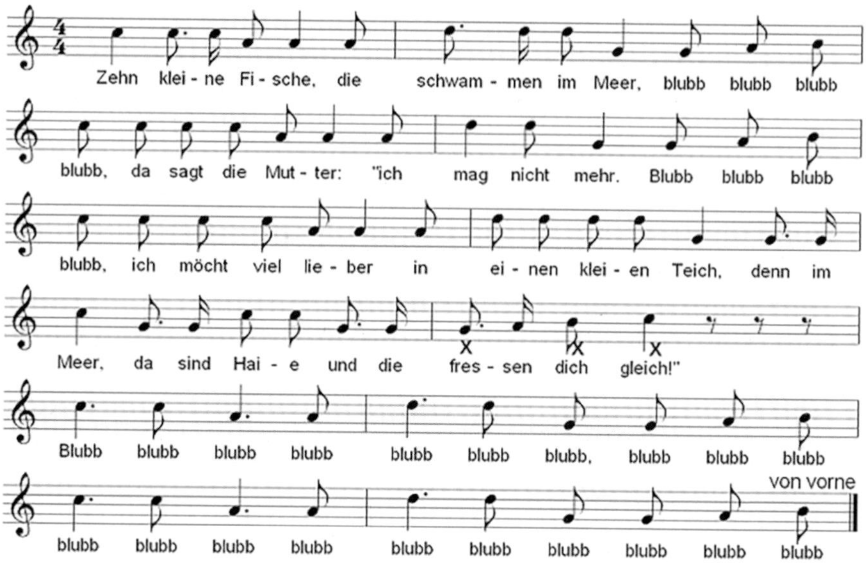

Die Melodie zum Didaktik-Song

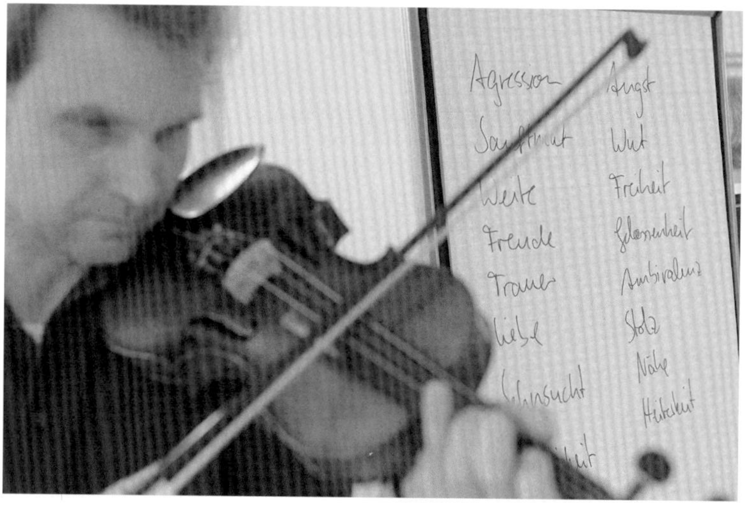

Oder kreiere deinen eigenen Song.

3. Akt: Höhepunkt und Wendung – alles eine Frage der Haltung

Ein Künstler, der seine rebellische Haltung und Spontanität verliert, ist tot.
Madonna

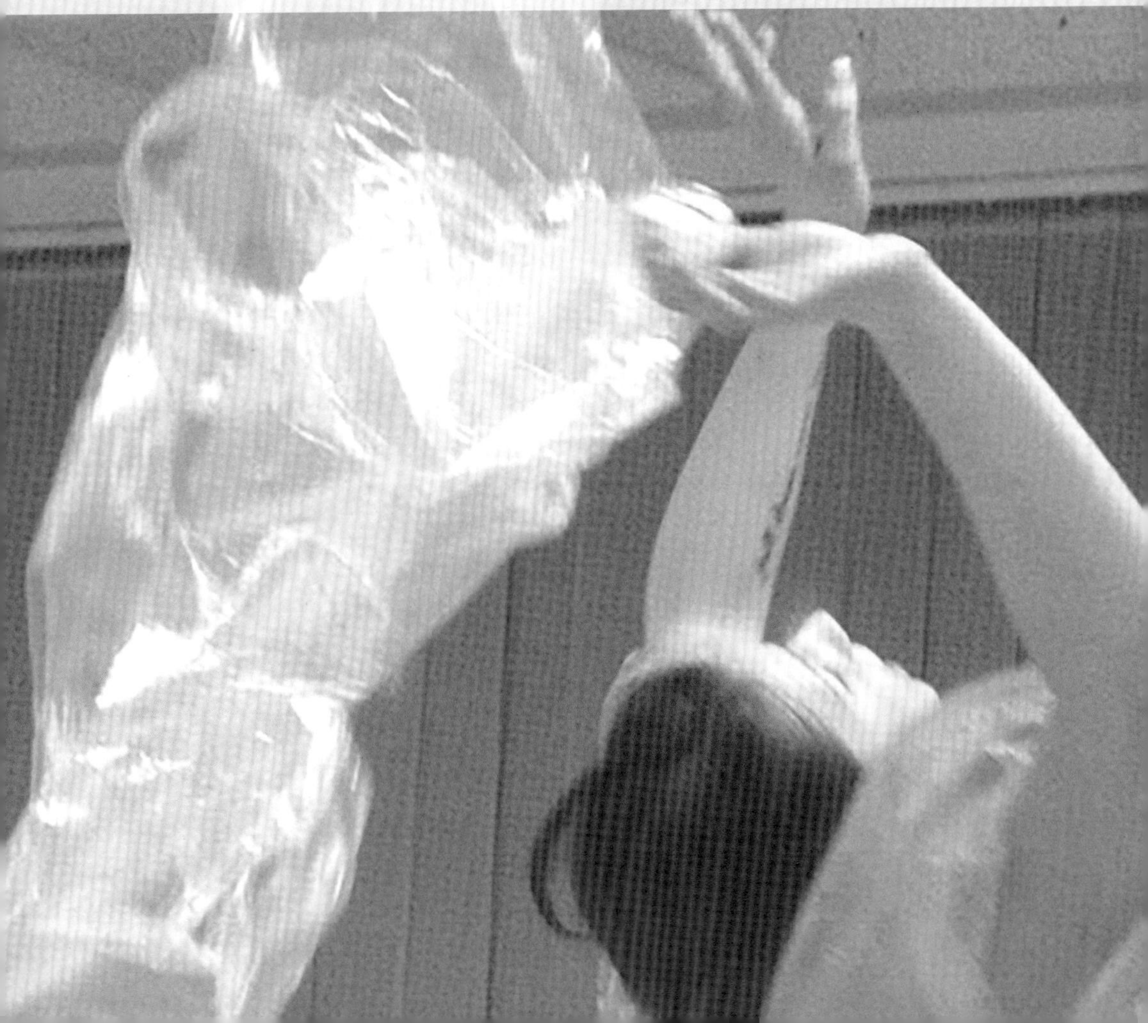

A. Eine eigene innere Haltung entwickeln

Alice: Willst du mir wohl sagen, welchen Weg ich nehmen muss?
Grinsekatze: Das hängt zum guten Teil davon ab, wo du hin willst!
Alice: Es kommt mir nicht darauf an, wohin.
Grinsekatze: Dann kommt es auch nicht darauf an, welchen Weg du nimmst.
Lewis Carroll: Alice im Wunderland

Vorhang auf für den dritten Akt. Den Höhepunkt, den Wendepunkt, das Norming (vgl. Tuckman 1965, vgl. auch Dick & West 2005, S. 24). „Norming" ist die Regelungs- und Übereinkommensphase im gruppendynamischen Prozess. Normen und Regeln werden diskutiert und/oder gefunden und eingehalten. Die Teammitglieder haben ihre Rollen gefunden und es wird verstärkt kooperiert. Die Beziehungen sind harmonischer, die gegenseitige Akzeptanz steigt und die Gruppe wendet sich verstärkt ihren Aufgaben zu. Unsere Hypothese ist, dass du erst einmal eine Übereinkunft mit dir selbst treffen musst, sprich ein klares Selbstverständnis entwickeln solltest, um dieses dann in der theaterpädagogischen Arbeit vertreten zu können. In diesem Akt geht es daher um nicht mehr und nicht weniger als dein persönliches ABC der Theaterpädagogik, deine ureigene innere Haltung, und um die Frage, wie Haltung zu Kompetenz werden kann.

Folgst du dem guten Rat der Grinsekatze, musst du erst einmal wissen, wohin du willst, bevor du dich auf den Weg machst. Es gilt also, grundsätzliche Dinge zu klären wie:

- Was ist dein Ziel?
- Was sind deine Inhalte?
- Mit welchen sozialen Systemen und Lernsituationen hast du es zu tun?
- Welchen Raum nimmst du dir?
- Wie viel Zeit gibst du dir?
- Welche Methoden möchtest und kannst du sinnvoll einsetzen bzw. anleiten?
- Was sind die inneren und äußeren Anforderungen an dein Projekt, deine Arbeit, an dich selbst?

Und noch bevor du die äußeren Bedingungen zielführend festlegst, mache die inneren mit dir selbst aus. Das nennen wir: sich eine eigene Haltung aneignen.

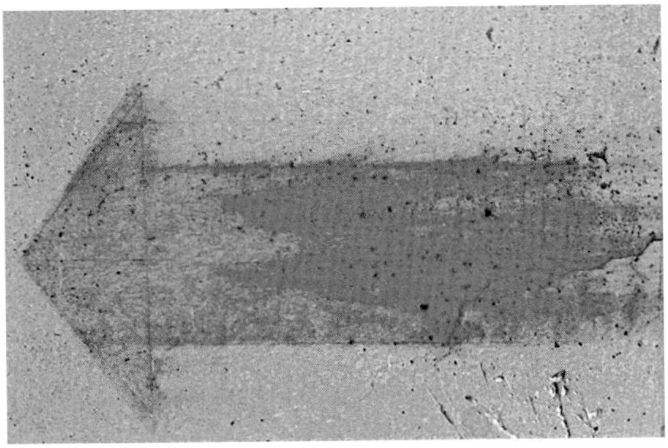

Was ist deine konzeptionell begründete Zielvorstellung?

Haltung ist mehr als nur Methode

Aus dem bisher Gesagten könnte man vorschnell schlussfolgern, dass gute theaterpädagogische Arbeit darin besteht, möglichst viele Methoden zur Intervention zu beherrschen, diese dann möglichst bunt und vielfältig einzusetzen. Allerdings: Jeder kennt die Erfahrung, dass, wenn zwei Menschen das Gleiche tun, das noch lange nicht dasselbe ist. Pädagogisches Handeln findet immer in einem spezifischen Kontext statt, sodass es niemals exakt wiederholbar sein kann: Das oberflächlich identische Handeln bringt mit zwei verschiedenen Gruppen, selbst wenn sie augenscheinlich in den Lernvoraussetzungen übereinstimmen, unterschiedliche Reaktionen und unterschiedliche Lernergebnisse mit sich. Hier ist sie wieder: die Unmöglichkeit, gute Rezepte für pädagogisches Handeln, gute Rezepte für pädagogische Methoden auszustellen.

Wenn die Unterschiede pädagogischen Wirkens nun in der Situiertheit des Lernens, der Komplexität der Gruppe, der Situation, der Sache geschuldet sind, ist offenbar das Verhalten der Pädagog*in im Moment des Handelns ausschlaggebend:

- Wie setzt sie die gewählte Methode um?
- Wie steuert sie die Gruppe? Wie gestaltet sie Beziehung?
- Wie gibt sie Rückmeldung?
- Worauf legt sie Aufmerksamkeit?
- Welches Timing, welche Dynamik wählt sie?
- Welche Lernkultur etabliert sie auf welche Art und Weise?
- Wie geht sie mit Fehlern um (vor allen Dingen mit den eigenen)?

Pädagogisches Handeln erfordert hundert Entscheidungen in nur wenigen Minuten, nur wenige Aspekte können in der Vorbereitung komplett bedacht und vorentschieden werden. Außerdem müssen diese Entscheidungen unter Handlungsdruck gefällt werden – die Situation, die Kursgruppe, die Uhrzeit, der Premierentermin fordern, „dass es weitergeht". In einer komplexen Situation unter Zeitdruck wird die erforderliche Entscheidungskompetenz schnell auch zu einer Improvisationskompetenz.

Der Orientierungsrahmen, die „sichere Bank" für eine solche Handlungskompetenz, auch im Sinne des Entscheidungsdrucks und der Improvisationsfähigkeit, ist nicht die Methode, sondern eine reflektierte persönliche, professionelle Haltung. Wir schlagen dazu folgende Definition vor:

D

Professionelle Haltung

Eine professionelle Haltung ist eine konzeptionell begründete und reflektierte Zielvorstellung über die eigene Rolle in einem spezifischen Setting (z.B. theaterpädagogisches Projekt). Sie enthält persönliche Wertsetzungen, Motive und Handlungsdispositionen und ist ein Teil der professionellen Identität. Sie bestimmt die Handlungsmöglichkeiten in Bezug auf die reflektierten Werte.

Wortfeld Haltung

Das Wortfeld „Haltung" ist groß: Haltung einnehmen – Haltung bewahren – Halt geben – Halt finden – Halt machen – sich (zu etwas) verhalten – etwas zurückhalten – vorenthalten – verhalten sein – Werthaltung – Körperhaltung – Instandhaltung – Halterung – halt (umgangssprachlich für: wohl, ja, schon) – haltbar – Haltbarkeit – Haltebucht – Haltegriff – Haltelinie – Haltepunkt – anhalten – Halt! (Befehl) – Halteverbot – Haltestelle – nachhaltig – haltlos – Haltlosigkeit – Haltungsnote – Unterhaltung – Fehlhaltung – Mund halten – Balance halten – innehalten – fernhalten – an sich halten – Einhalt gebieten – mithalten – Halt verlieren – unhaltbar …

Und aus all diesen Worten lassen sich wunderbar (didaktische) Fragen ableiten:

Was hältst du von dir selbst, als Mensch, als Theaterpädagog*in …?
Was hältst du von deinem Beruf, Arbeitsfeld …?
Welche Haltung nimmst du ein …

- zum Theater? (dein Kunstverständnis)
- zur Pädagogik? (dein Menschenbild)
- zur Didaktik?
- zur Methodik?
- zum System?

- zu Widerständen?
- zu Fehlern?

Wie verhältst du dich gegenüber …
- Dingen und Menschen im Allgemeinen, im theaterpädagogischen Prozess?
- deinen Teilnehmenden?
- deinen Auftraggebenden?
- deinen Zuschauenden?
- Welche Werthaltung vertrittst du?
- Wovor machst du Halt? Wo setzt du Grenzen?
- Was macht deine Arbeit nachhaltig?
- Was gibt dir Halt, als Mensch, in deiner Arbeit als Theaterpädagog*in?
- Welche Informationen sollten dir für ein effektives Arbeiten nicht vorenthalten werden?
- Was hältst du aus, obwohl du es vielleicht gar nicht willst?
- Wann lohnt es sich, durchzuhalten? Wann abzubrechen?
- Wo schaffst du in deinem (Arbeits-)Alltag Haltestellen, Haltepunkte, um durchzuatmen und dich neu zu orientieren bzw. Zeit zu haben, deine Haltungen neu zu hinterfragen?

Haltung zeigen und Haltung bewahren.
Kann ich das nur, wenn sie fest steht, meine Haltung?
Wenn sie selbst Halt hat? Einen Halt, der innerhalb von mir liegt?
Einen Anker, der auch dann bleibt,
wenn die Welt weiter fließt und ich mal schwimme?
Cornelia Wolf

Dazu ein klares JEIN. In dir selbst Halt finden, als Mensch, aber auch in der Funktion und Rolle der Theaterpädagog*in. Eine Haltung einnehmen und als Anker für dich selbst und die Teilnehmenden nutzen, einen Rahmen setzen, der – auch wenn etwas schwimmt und scheitert – Struktur und Sicherheit bieten kann. JA!

Feststehen? Eher NEIN! Du solltest diese Haltung zwar glaubwürdig vertreten, sie sollte aber gleichzeitig nicht so feststehen, so festgezurrt sein, dass du dich selbst nicht mehr hinterfragst, nicht mehr dazu lernst. Hier also Didaktik im Wortsinn: lernen – auch als Theaterpädagog*in – und dir immer wieder Neues aneignen, bevor du lehrst.

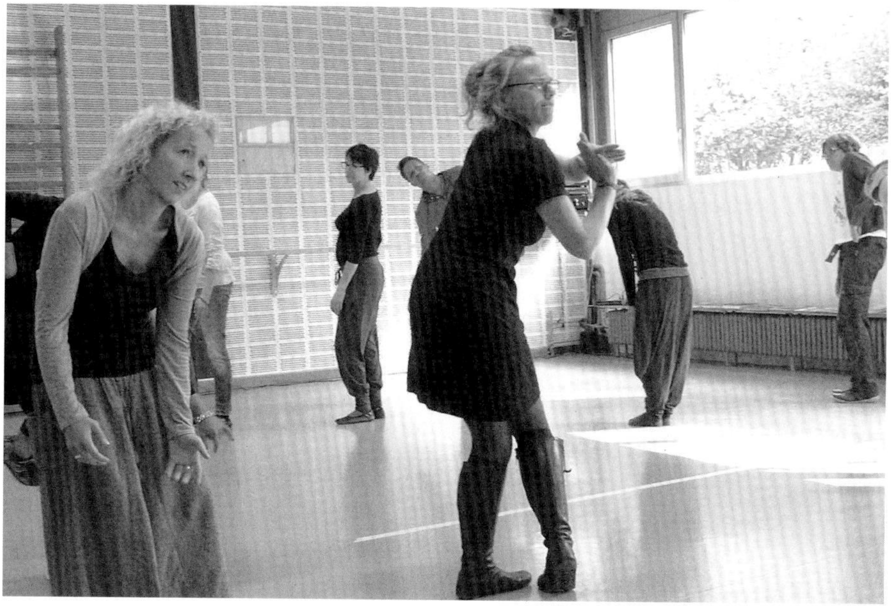

Von außen nach innen: Haltung erlebbar machen

Ü

„Haltung“

Um erlebbar zu machen, wie (Körper-)Haltungen nach innen und außen wirken, ließen wir die Teilnehmenden der Weiterbildung „Systemische Didaktik und Methodik“ durch den Raum laufen und warfen ihnen nach und nach Begriffe aus dem Wortfeld „Haltung“ zu, zu denen sie sich entsprechend spielerisch verhalten sollten. In der Reflexion ging es darum, zu begreifen, wie sich eine konkrete Körperhaltung auf inneres Fühlen und Wohlbefinden auswirkt und wie es von Teilnehmenden wahrgenommen und bewertet werden kann. Ziel war es, ein Bewusstsein dafür zu schaffen, wie wesentlich eine konkrete Haltung und ein professionelles Verhalten ist.

Ü

„Scharade“

In der Weiterbildungsgruppe arbeiteten wir uns beim Thema Haltung von außen nach innen vor; sprich, zunächst wollten wir durch die hier kurz beschriebene Scharade-Übung ein Bewusstsein dafür schaffen, wie unser äußeres Auftreten unsere innere Haltung zur Gruppe spiegelt, um im Rückschluss die Notwendigkeit zur Entwicklung einer inneren Haltung deutlich zu machen, die einer Theaterpädagog*in hilft, ihre Impulse und Wirkungen nach Außen bewusst und achtsam zu lenken.

Ausgangssituation der „Scharade“ ist: Begrüße eine von dir erdachte Zielgruppe zu Beginn der Übungsstunde. Die anderen wissen dabei nicht, um welche Gruppe es sich handelt und dürfen jeweils erraten, ob es sich beispielsweise um ein Seminar mit Lehrer*innen, eine Theaterprobe mit Kindern, ein Projekt im Jugendzentrum etc. handelt. Probiert die Übung selbst einmal mit euren Teilnehmenden oder vor dem Spiegel aus. Es ist erstaunlich, wie sich unsere Körperhaltung samt Mimik, Stimme usw. ändert, je nachdem, welche Zielgruppe wir in unserer inneren Vorstellung gerade „bedienen“.

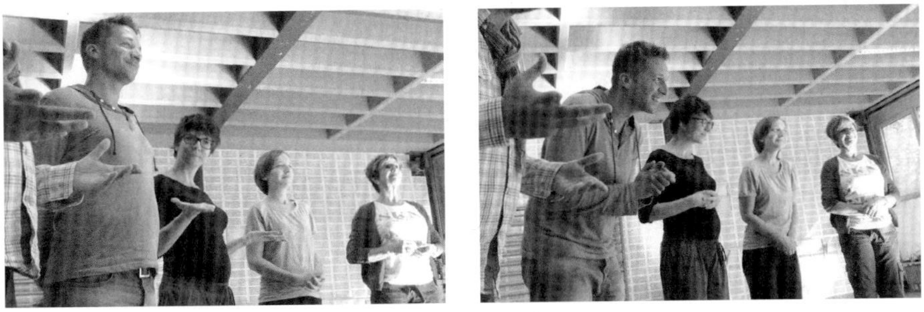

Scharade: Je nachdem, welcher Zielgruppe wir begegnen, verhalten wir uns anders.

In der Reflexionsrunde zu dieser Übung wurde festgehalten, dass …

- jeder Anfang schwierig ist, egal mit welcher Zielgruppe.
- es eine schwankende, situationsabhängige Präsenz und Spannung bei der Leitung gibt.
- jede Theaterpädagog*in um ihre Kernwirkung wissen sollte.
- es je nach Zielgruppe unterschiedlichen Schutz braucht bzw. andere Offenheit gibt.
- je nach Zielgruppe (und Gruppendynamik) eine andere Transparenz der eigenen Person und Befindlichkeit sinnvoll ist. Ruth Cohn spricht dabei von „selektiver Authentizität“: Nach diesem Prinzip soll die Pädagog*in nicht alles sagen oder offenlegen, was sie denkt oder erlebt hat, aber alles, was sie sagt oder preisgibt, soll authentisch sein: Du kannst der ei-

nen Gruppe vielleicht mitteilen, dass es dir heute selbst nicht so gut geht, weil du gerade in einer schwierigen Lebenssituation bist, um ein möglicherweise „unübliches" Verhalten zu erklären. In einer anderen Gruppe kannst du vielleicht sogar erzählen, dass du dich getrennt hast und deshalb gerade Schwierigkeiten hast, dich mit einer bestimmten Szene auseinander zu setzen. In einer dritten Gruppe sagst du vielleicht überhaupt nichts über deine aktuelle Befindlichkeit, sondern planst die Probe so um, dass sie für dich möglichst „triggerfrei" zu realisieren ist, oder du sagst eine Probe ab.

- es wesentlich zu wissen ist, welche Anteile einem selbst „sicheres Terrain" bieten und welche Unsicherheiten hervorrufen.
- jede Theaterpädagog*in um ihre Übertragungs-/Gegenübertragungs-/Projektionsfläche wissen sollte.

Beispiele für Übertragungen/Gegenübertragungen und Projektionen

Du als Theaterpädagog*in fühlst dich persönlich abgewertet, weil eine Spielende immer zu spät kommt. Möglicherweise aktiviert ihr Verhalten ein bestimmtes Muster, das du im Laufe deiner Sozialisation erlernt hast. Außerdem könnte dein Beharren auf Pünktlichkeit ein Muster der jeweiligen Spielenden aktivieren – vielleicht dient ihre Verspätung einer stellvertretenden Protesthaltung, die sie mit dir ausagieren will.

Spontane Sympathien oder Antipathien haben mit deinen Erfahrungen mit für dich wichtigen Menschen in der Kindheit zu tun. Eine Spielende trägt möglicherweise durch ihr aktuelles Verhalten gar nichts dazu bei, woraus sich dieses Gefühl speist. Dennoch ist es in der Kontaktgestaltung mit ihr wirksam. Dies gilt auch umgekehrt!

Durch dein immer fröhlich-animierendes Auftreten, lautes Lachen und ständiges Loben ermöglichst du für die eine Spielende einen angstfreien Spielraum, in dem sie sich sicher fühlt. Durch das gleiche Verhalten verhinderst du für einen anderen Spielenden ein angstfreies Experimentieren, weil er durch deine erlebte Dominanz verunsichert wird.

EXKURS: Lebenskunst – was Theater(-pädagogik) mit Yoga zu tun hat

Lernen hat immer auch mit „über den Tellerrand schauen" zu tun. Daher blicken wir in einem Exkurs nun auf die Philosophie des Yoga, die viel mit unserer Philosophie, unserem Verständnis von Theaterpädagogik zu tun hat.

Yoga ist, wie das Theater, eine Lebenskunst, die sich im Hier und Jetzt verortet und ein bewusstes, klares Denken und Handeln anstrebt. Das wird, ähnlich unseren Theaterproben, immer wieder neu geübt. Die Grundlage dieses Übens und der gesamten Yogalehre sind die Asanas – aufgepasst! – die Haltungen!

Hiermit sind nicht nur die Körperhaltungen, sondern auch die inneren Haltungen gemeint. *Asanam* verbindet Körper und Geist in seinen Haltungen. Der Körper bleibt so nicht nur Hülle für den Geist. Die Parallelität zur Theaterkunst ist evident. Eine (Theater-)Handlung ohne Geist, ohne innere Motivation, ohne Verstehen, Erspüren, Erfahren, bleibt ein bloßer Vorgang. Ein theaterpädagogisches Anleiten, welches nur Übungen anwendet oder nachahmt, ohne diese mit eigenem Verständnis, Ansinnen und Profil zu füllen, bleibt nichts weiter als Methode.

Die Vorsilbe „As" im Wort Asanam lässt sich denn auch mit „Sitz, Bleibe" übersetzen (Sriram 2001, S. 17). Wir sind aufgefordert, eine innere Bleibe zu finden; d.h., es ist hilfreich, dich in deinem Leben als Theaterpädagog*in persönlich und fachlich zu verorten und eine Grundlage zu schaffen, die es dir ermöglicht, klar und bewusst Haltungen zu vertreten, Stellung zu beziehen.

Ein zweiter Begriff, der Yoga und Theaterpädagogik verbindet: Das ganzheitliche Denken und Handeln strebt in beiden Fällen nach Balance. Dieses Streben ist ein lebendiger, fließender Prozess, der sich immer wieder zwischen Polen wie anspannen und loslassen, geben und nehmen, gelassen und beharrlich sein auslotet. Hilfreich dabei ist das natürliche Bild der Wellen, die stets vor- und zurückfließen. Du kannst diese Wellen nicht stoppen, aber du kannst lernen, auf ihnen zu surfen.

In theaterpädagogischen Prozessen ist es eine Herausforderung, alle didaktischen Elemente, alle am Prozess beteiligten Dinge und Menschen künstlerisch, sozial, energetisch … durch unser Handeln in einer Balance zu halten.

Das Yoga-Sutra (Sutra = Leitfaden) bietet drei Qualitäten für dieses Handeln an (nach Trökes 2014, S. 35):

1. inneres Feuer, Leidenschaft, Enthusiasmus, intensives Bemühen
2. Erforschung der eigenen Denk- und Handlungsmuster, Absichten und Motivationen
3. Hingabe an das, was wir tun, und Vertrauen in den Weg

Wie könnten wir es schöner für das theaterpädagogische Arbeiten formulieren?

Noch zu erwähnen bleibt, dass eine Leidenschaft und eine Hingabe an Ideen, Aufgaben und deinen Beruf als Theaterpädagog*in nicht mit einer Identifikation zu verwechseln ist. Egal, ob im Leben oder auf der Bühne, es sind nur Rollen. Du bist Theaterpädagog*in, aber z.B. auch Partner*in, Mutter, Freund*in, Auftragnehmende, Dienstleistende. Für jede dieser Rollen entwickelst du Denk- und Handlungsmuster, Haltungen, mit denen du in den jeweiligen Lern-, Lehr-, Arbeits- und Lebenssituationen und Kontexten angemessen agieren und reagieren kannst; jedoch bist du nicht diese Rollen. Dich mit einem Ego zu identifizieren würde bedeuten, dein Charakter, deine Persönlichkeit wäre unveränderlich. Dem ist nicht so. Das einzig Beständige ist (auch hier) der Wandel. Alles ist im Fluss, dynamisch. Du hast Eigenschaften, Gedanken, Gefühle, *bist* sie aber nicht! Jede Rolle ist wie ein Theaterkostüm, das einem bestimmten Zweck dient, eine Aussage unterstreicht. Aber natürlich weiß jede von uns, dass sie nicht das Kostüm ist, welches sie an- und wieder auszieht (ebd. S. 16ff.).

Last but not least: Falls die Gefahr bestehen sollte, sich einmal zu verlieren, in ein Kostüm geraten zu sein, welches zu klein, zu groß, zu grell, zu grau für dich ist – der Atem ist immer da. Er kann stets dein Anker sein, dich zum Wesentlichen zurückführen. In diesem Sinne ist es ratsam, in deinem eigenen Drama immer auch Halte- und Wendepunkte einzubauen, die du achtsam gestaltest.

Ü

Impulssätze

Jetzt geht es ans Eingemachte! Was ist deine eigene Haltung? Wie definierst du dich bzw. Begriffe rund um dein theaterpädagogisches Denken und Handeln? Versuche dazu, einige der folgenden Impulssätze für dich zu vervollständigen:

Theater bedeutet für mich …
Pädagogik heißt für mich …
Didaktik …
Methodik …
Meine Haltung als Theaterpädagog*in …
Meine Haltung als Kursleiterin …
Mein Menschenbild …
Meine Rolle als Theaterpädagog*in ist es …
Ich bin Lehrende, weil …
Ich bin Lernende, weil …
Ich bin Regisseur*in …
Ich bin Animateur*in …
Meine Beziehung zu den Teilnehmenden …

Der Unterschied zwischen mir und meinen Teilnehmenden ist …
Erfahrung heißt …
Kreativität ist …
Spiel ist …
Ressourcen …
Dynamik …
Emotionen …
Partizipation meint für mich …
Grenzen …
Inklusion ist …
Leistung …
Disziplin …
Flow meint …
Zirkularität heißt …
Planen meint …
Diversität ist für mich …
Inspiriert werde ich durch …
Scheitern bedeutet für mich …
Mein Arbeitsmotto lautet …
Um meine Arbeit noch besser zu machen, …

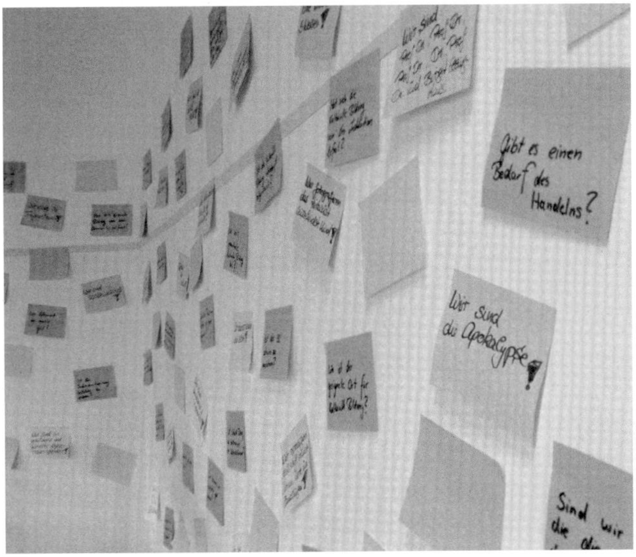

Alle Impulse zulassen

Ü

Didaktik-Slam

Du musst nicht immer das Rad neu erfinden. Es gibt viele Menschen, die schon viel zur Theaterpädagogik und zu den Themen Didaktik und Methodik gesagt und geschrieben haben. Nutze dieses Wissen, um es mit deinem Stand abzugleichen. Fühle und denke nach, ob diese Haltungen deine eigene Sichtweise stützen bzw. ob oder warum du ganz anders tickst. Entwickle im Rahmen eines Didaktik-Slams einen Textvortrag zu ausgewählten Zitaten. Ergänze diesen Vortrag durch performative Elemente und eine bewusste Selbstinszenierung. Eine gute Übung auch, um in der Gruppe mit Spaß am Spiel eine Annäherung an trockene theoretische Texte zu finden.

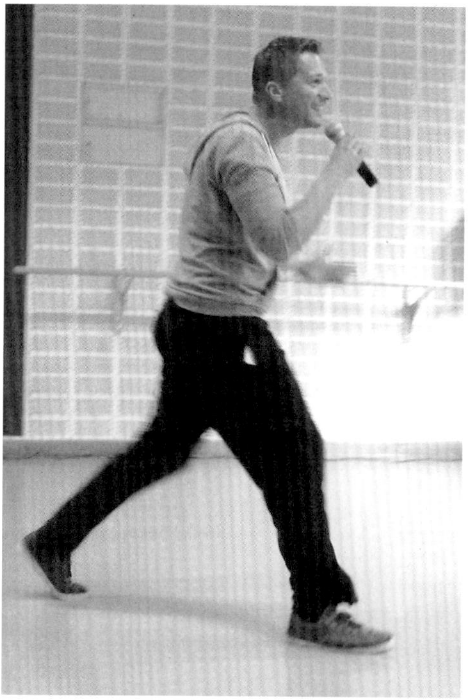

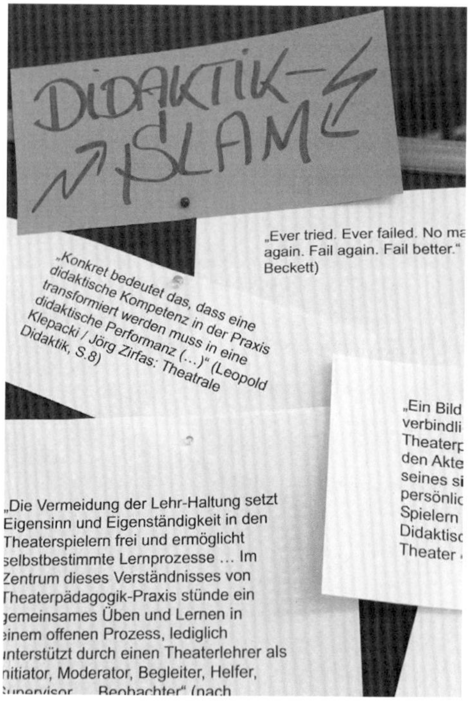

Beim Didaktik-Slam kann man trockene Texte zur Didaktik spielerisch leicht zugänglich machen.

B. Aus Haltung wird Kompetenz

So wie unser Gehirn beschaffen ist, wird immer dann gelernt, wenn positive Erfahrungen gemacht werden. Dieser Mechanismus ist wesentlich für das Lernen der verschiedensten Dinge, wobei klar sein muss, dass für den Menschen die positive Erfahrung schlechthin in positiven Sozialkontakten besteht. (...) Menschliches Lernen vollzieht sich immer schon in der Gemeinschaft, und gemeinschaftliche Aktivitäten bzw. gemeinschaftliches Handeln ist wahrscheinlich der bedeutsamste „Verstärker".

Manfred Spitzer

Aus Lehrenden-Haltung wird Lernenden-Haltung – ein Metamodell für Lernprozesse

Von den vielen Entscheidungen, vom Handlungsdruck und der dahinterstehenden professionellen Haltung bekommen die Lernenden in der Regel nichts mit (vor allem, solange alles rund läuft). Sie erleben eine mehr oder weniger passend gestaltete Situation und konzentrieren sich auf die Interaktion und die Inhalte. Oberflächlich betrachtet, lernen sie, indem sie damit vertraut werden, sich über eine spezifische methodische Form einem spezifischen Inhalt zu widmen. Die Situation wird zunächst in seiner „Oberflächenstruktur" wahrgenommen, diese umfasst die äußeren Handlungen der Lernenden, z.B. Improvisationen, Szenenarbeit oder spielerische Aktionen, Reflexionsgespräche, schriftliche Notizen, Visualisierung etc. Im Tun kann dies individuell ganz unterschiedlich erlebt und bewertet werden, zum Beispiel als langweilig, anregend, fremdartig, altbekannt, lustig ... Lernen als individueller Wissensaufbau (vgl. konstruktivistisches Lernverständnis) findet aber nicht auf der Oberfläche dieses Tuns statt, sondern als mentaler Prozess, der davon „tiefergehend" angestoßen wird.

Eine entsprechende Differenzierung in Tiefenstruktur und Oberflächenmerkmale lässt sich auch für die Lehrenden-Seite vorstellen: Die Tiefenstruktur umfasst die mentalen Prozesse zur Gestaltung der Lehr-Lern-Situation, darin enthalten sind Fachwissen, didaktisches und pädagogisches Wissen, Erfahrungen, subjektive Theorien und Annahmen, Haltungen. Dies ist der Fundus, aus dem die Theaterpädagog*in schöpft, wenn sie Sequenzen für ein Lern-Setting, etwa für eine Probe, entwirft. Diese Ebene enthält Handlungsplanung, Begründung und Lehrstrategie für eine konkrete Lehr-Lern-Situation.

Daraus lässt sich konkretes pädagogisches Handeln ableiten. Für die konkrete Ausgestaltung spielen die Erfahrungen und auch Routinen mit bestimmen Arbeitsweisen eine mitbestimmende Rolle. Das pädagogische Handeln wird nach außen sichtbar, kommt an die Oberfläche. Das konkrete methodische, interaktive und kommunikative Handeln ist die sichtbare

Konkretisierung dieser verborgenen mentalen Prozesse, man kann sie als „Sichtstruktur" des Lehr-Lern-Geschehens bezeichnen.

Oser & Patry (1990, S. 3) benennen Sichtstruktur wie folgt: „Die Sichtstruktur ist … das Wechselhafte, Austauschbare, das an den Lernenden und vom Lernenden immer neu Adaptierbare. Dazu gehören Methoden, Sozialformen, Veranschaulichungen, Unterrichtsstil, Lernstil, Funktionsrhythmus, Medien, Kontrollformen u.a. Die Sichtstruktur stellt das freie und frei zu gestaltende Moment des Lernverlaufs dar."

Der Begriff der Tiefenstruktur stammt ursprünglich aus der Linguistik, als Bestandteil eines Metamodells für Sprache (vgl. Chomsky 1965 sowie übertragen auf Kommunikation in der Psychotherapie Bandler & Grinder 1981). Reyer (2004) nutzt ein solches Modell, das Oberflächenmerkmale und Tiefenstrukturen unterscheidet, zur Erforschung von Lernprozessen. Wir wollen hier analog ein Metamodell für Lehr-Lernsituationen darstellen, nach der die Abfolge der Oberflächenmerkmale die Tiefenstruktur des Lernens beeinflusst.

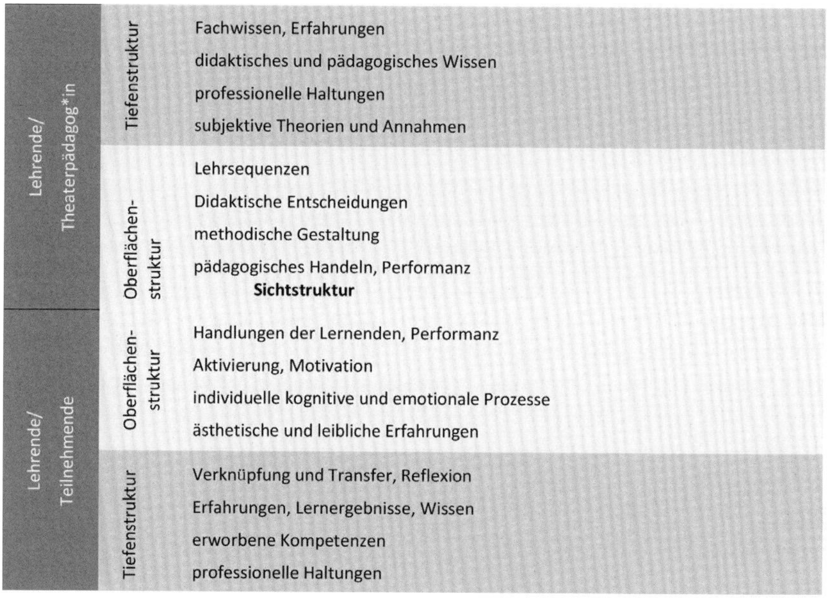

Das Lehr-Lern-Geschehen ist nur teilweise sichtbar, das Wesentliche geschieht in der Tiefenstruktur.

Alles, was sich auf der Ebene der Tiefenstruktur abspielt, ist prinzipiell von außen nicht sichtbar. Hieran kann man übrigens auch identifizieren, wieso es für Lehrende schwierig ist, ein konkretes und eindeutiges Ergebnis der Lehrbemühungen zufriedenstellend festzustellen: Eine Rückmeldung aus der Tiefenstruktur direkt ist nicht möglich, man ist lediglich auf den subjektiven Eindruck angewiesen. Für die Rolle einer professionellen Gestalter*in mag das wenig zufriedenstellend sein, sie braucht konkrete und handfeste Hinweise. Eine entsprechende Kontrolle lässt sich nur auf der Ebene der Sichtstruktur erreichen, festgemacht an konkreten Lernergebnissen, prüfbaren Handlungen und deren Reflexion, prüfbarem Fachwissen, prüfbarer Kompetenz.

In diesem Modell stehen Kompetenzen und Haltungen der Theaterpädagog*in ganz oben, d.h. logisch am Anfang, und Kompetenzen und Haltungen der Teilnehmenden ganz unten, quasi am Ende. Natürlich koppelt dieser Prozess auch wieder zurück – wir gehen ohnehin davon aus, dass auch die Pädagog*innen von den Teilnehmenden immer wieder lernen. Das Modell impliziert die Vorstellung, dass die Haltungen und Kompetenzen der Lehrenden und der Teilnehmenden verbunden sind, aber zentral über die Vermittlung der Oberflächenstrukturen. Für diese Vermittlung gibt es prinzipiell ganz viele Brücken und vielfältige Wege.

Haltung und Kompetenzen

Haltungen bieten einen Orientierungsrahmen für komplexe Handlungen. Sie berücksichtigen hierbei persönliche, biografische und professionelle Erfahrungen sowie persönliche Werthaltungen und individuelle Stärken. Sie entwickeln sich permanent, angereichert durch weitere Erfahrungen im Handeln – erwartungsgemäß besonders intensiv während einer Weiterbildungs- oder Supervisionsphase zu einer neuen Rolle. Sie sind Teil eines Profils zu einer professionellen Rolle als Theaterpädagog*in.

Zur Kompetenz wird die professionelle Haltung dadurch, dass sie im Kontakt mit den Teilnehmenden und im Moment des Handelns ein rollenadäquates Verhalten und die angemessenen methodisch-inhaltlichen Entscheidungen finden lässt. Mit Bezug auf unsere Definitionen im Eingangskapitel wollen wir hier noch einmal festhalten:

D

Kompetenz

Kompetenzen sind die erworbene Fähigkeit, komplexe Handlungsmuster situativ auszuwählen, zu gestalten und zu realisieren. Anders als einfache Fertigkeiten können sie nicht rezepthaft beschrieben werden, ihre Gestalt und Wirksamkeit kann nicht sinnvoll vorgegeben werden.

Um genauer zu beschreiben, welche Kompetenzen für eine Theaterpädagog*in erforderlich sind, wollen wir von unserem Handlungsrahmen für Lehr-Lern-Settings ausgehen, der auf unseren Überlegungen zur systemischen Didaktik beruht. Dort wird als pädagogisches Handeln benannt: Gestaltung des äußeren Rahmens, Beziehungsgestaltung, Impulse durch methodische Intervention – in all dies sollte das spezifisch theaterpädagogische Wissen, Haltungen etc. einfließen.

Ausgehend von diesen Handlungsbereichen und Wissensbereichen, formulieren wir vier Kompetenzbereiche:

1. Fachkompetenz:
- theaterpädagogisches Fachwissen, Erfahrungen, Haltungen, Arbeitsweisen aufbauen, reflektieren, entwickeln
- eigenen Lernprozess reflektieren und organisieren
- Rolle als Lehrende transparent reflektieren
- fachlichen Vorsprung zur Beurteilung der Lernleistungen anwenden

2. Steuerungskompetenz:
- den äußeren Rahmen des Settings gestalten und steuern
- Rolle als Gestaltende wahrnehmen und transparent reflektieren
- Zielbezüge und Sinnbezüge herstellen und organisieren
- Lehrmittel, Räume, Zeiten etc. bereitstellen

3. Beziehungskompetenz:
- Beziehungen mit und im Teilnehmendensystem stimmig entwickeln
- unterstützendes Lernklima etablieren
- Konflikte und Krisen konstruktiv rahmen und nutzbar machen

4. Methodenkompetenz:
- Lernprozesse durch methodische Intervention anregen
- angemessene Auswahl von Mini- und Makro-Methoden beherrschen
- Methodeneinsatz entscheiden und reflektieren

Diese Kompetenzbereiche lassen sich in der Professionsentwicklung hin zur profilierten Theaterpädagog*in nicht strikt trennen. Sie können allerdings den Weiterbildungs- und Reflexionsprozess steuern helfen, wenn eine angehende oder praktizierende Theaterpädagog*in die eigene Kompetenz analysiert:
- In welchen der genannten Kompetenzbereiche bist du stark?
- Welche entsprechen deinen „Herzensanliegen" für die theaterpädagogische Arbeit?
- In welchen Bereichen solltest du dich weiterentwickeln?
- Welche Hürde verspricht dir diesbezüglich den größten Lernfortschritt?
- Mit welchem ersten Schritt kannst du diese angehen?
- Was wird sich dadurch im Denken, Handeln und Fühlen konkret verändern?

C. Unser kleines ABC oder zehn Grundsätze für einen theater+pädagogischen Prozess

Ich gebe dir mein Sohn, das mögest du mir danken,
Gedanken selber nicht, nur Keime von Gedanken.
Nicht mehr zu denken sind Gedanken, schon gedacht;
Von Blüten wird hervor kein Blütenbaum gebracht.
Doch ein Gedankenkeim, wohl im Gemüth behalten,
Wird sich zu eigener Gedankenblüt' entfalten.
Friedrich Rückert

Nein, wir haben nicht die Weisheit mit Löffeln gefressen. Aber wir wollen trotzdem in diesem Buch unsere „Gedankenkeime" und Haltungen zum theaterpädagogischen Arbeiten anbieten, damit du dich davon inspirieren lassen kannst, sie hinterfragst, dich daran reibst und sie und dich dadurch „zur Blüte" weiterentwickelst.

Daher haben wir im Folgenden zehn Grundsätze aufgeführt, die unserer Meinung nach einen theaterpädagogischen Prozess erfolgreich machen (weiterentwickelt nach Meyer 2007, S. 4ff. und Anklam & Meyer 2014, S. 190). Die Punkte sind für Theaterpädagog*innen und Teilnehmende gleichermaßen wesentlich, um nicht nur ästhetisch/künstlerische, sondern auch menschlich/soziale Qualität im Prozess zu erreichen und so vom Entwurf, über das Ereignis zu einem hochwertigen (vorläufigen) Ergebnis zu gelangen. Sie umfassen Gedanken und Haltungen auf den Ebenen des pädagogischen Denkens und Handelns ebenso wie zur theatralen Gestaltung und zum künstlerischen Arbeiten.

1. Anfang ist immer – Zirkularität und Zeit

Menschen denken häufig linear, kausal. Demnach beginnt ein (Lern-)Verlauf bei A (Anfang) und endet bei E (Ende). Du machst also ein Konzept, verbindest es mit einer persönlichen Erwartung und konkreten Methoden und bist enttäuscht oder überfordert, wenn die Dinge nicht so eintreten oder funktionieren, wie du sie geplant hast. Manchmal nimmst du es gar persönlich, wenn Teilnehmende in den Widerstand gehen oder ganz andere Vorstellungen vom Prozess haben als du. Dabei ist es normal, dass während des Projektverlaufes immer wieder neue (Un-)Möglichkeiten entstehen, sodass die theaterpädagogische Leitung auch immer wieder neu (re-)agieren muss, darf und kann. Nutze das als Chance. Denke zirkulär! Lasse dich darauf ein, den Prozess vom Ende zum Anfang zu denken.

Und: Nimm dir Zeit, den Start eines Projektes bewusst und achtsam zu gestalten! Lege eine gute Saat an, damit sich starke Wurzeln ausbilden können und sich ein Ensemble, eine gute soziale Gemeinschaft formen kann („Forming"). Schaffe eine gute Basis für dich und die Teilnehmenden (s. Akt 4, Arbeitsschritt 1).

2. Der Mensch steht im Mittelpunkt – Diversität und Inklusion

Theaterpädagogik wird von Menschen für Menschen gemacht. Im Theater spielen Menschen für Menschen und erzählen Geschichten über Menschen. Aber kein Mensch ist gleich. Jeder bringt seine Fähigkeiten, Grenzen, Erwartungen, Interessen und Abneigungen mit ins Spiel. Jeder bringt seine eigene subjektive Wirklichkeit und seine (Un-)Möglichkeiten, darin zu handeln, ein. Diese Vielfalt darfst du nehmen und gestalten. Jede*r Spielende wird mit allem, was er/sie mitbringt, akzeptiert und ernstgenommen. Was nicht bedeutet, das jedwedes Verhalten akzeptiert wird. Natürlich hat jedes Spiel Regeln, so auch das Theaterspiel. Doch um sich im (Spiel-)Prozess einbringen und öffnen zu können, braucht es gegenseitige Wertschätzung und grundsätzliches Vertrauen ineinander. Jede*r Spielende sollte sich trauen dürfen, vor den anderen in der Gruppe und vor Publikum angstfrei agieren und dabei auch Extremes, Ungewöhnliches ausprobieren zu können. Um diese Offenheit untereinander zu schaffen, braucht es (nicht nur zu Beginn des Prozesses) Zeit fürs Kennen- und Vertrauenlernen, Zeit für ein „Aufwärmen", menschlich und fachlich. Das kannst du mit deinen (Theater-)Mitteln fördern und begleiten.

3. Alle gestalten, einzeln und gemeinsam – Partizipation und Konstruktion

Keine theaterpädagogische Lehr-Lernsituation verläuft ausschließlich hierarchisch. Es ist nicht so, dass du als Theaterpädagog*in den Teilnehmenden vermittelst, wie es „richtig" geht. Es besteht eine Wechselwirkung, eine Beziehung und Vernetzung zwischen allen Beteiligten. Alle lernen, alle lehren, alle sollten offen dafür sein, sich Neues anzueignen.

In einem theaterpädagogischen Prozess sind die Spielenden nicht das Werkzeug einer Regieführenden, d.h. sie führen nicht nur künstlerische Ideen und Visionen einer Person aus, sondern sind selbst Gestaltende. Über eine behutsame Spielleitung, die motiviert und Impulse setzt, entwickelt das Ensemble gemeinsam darstellerische Lösungen (vgl. Meyer 2007). Alles, was geschieht, ist eine gemeinsame Leistung aller Beteiligten in ihren unterschiedlichen Rollen und Kompetenzen. In diesem Sinne kann der Begriff Spielleitung irreführend sein und vielleicht durch Spielbegleitende oder Impulsgebende ersetzt werden.

4. Alles darf probiert werden – der Möglichkeitsraum

In den Ausführungen ist bereits deutlich geworden: Wir gehen davon aus, dass zwischen Entwurf und Ereignis, zwischen Impuls und (Re-)Aktion ein Raum liegt, in dem du die Freiheit und Verantwortung hast, pädagogisch und künstlerisch zu gestalten. Systemische Theaterpädagogik ist eine Ermöglichungspädagogik. Du kannst diesen Raum Möglichkeitsraum, Ereignisfeld, Spielwiese, Labor der Fantasie etc. nennen. Gemeint ist immer: Innerhalb dieses Raumes darf alles Mögliche ausprobiert werden und sogar das Unmögliche. Hier dürfen sich alle am Prozess Beteiligten (im Rahmen der gemeinsam festgelegten Strukturen und Regeln, s. Punkt 8) einbringen, erfolgreich sein, erfolgreich scheitern …

5. Scheiter heiter – Scheitern als Strategie

Ja, scheitern darfst du auch. Und am liebsten lustvoll, konstruktiv und mit viel Humor. Die Auswirkungen deiner pädagogischen und künstlerischen Impulse sind ohnehin nicht vorhersehbar, es bleibt also nur das Experimentieren und Erfahrungen zu sammeln. Scheitern ist eine Strategie der Kunst und der Theaterpädagogik. Ein fehlerfreundlicher Blick auf Krisen erlaubt es dir, Möglichkeiten und Grenzen neu auszuloten, unerwartete Lösungen zu finden, herausfordernde Chancen zu bekommen. „Eine Haltung, die tolerant gegenüber Störungen im System ist, ermöglicht andere Perspektiven und Bewertungen." (Anklam 2016, S. 40)

6. Die Kunst des Schauspielens

Pädagogisch handeln heißt, jemanden auf seiner ureigenen Suche nach Erfahrung und Ausdruck zu begleiten und zu unterstützen, den Menschen einzuladen, zu inspirieren und zu motivieren, sich selbst, seine Ressourcen und auch seine Grenzen, zu entdecken und sie durch theatrale Mittel zu zeigen. „Theater ist in diesem Zusammenhang das Motiv und das Ziel des gemeinsamen Tuns, die Pädagogik bahnt den Weg, um gemeinsam in den schöpferischen Prozess einsteigen zu können" (Wolf 2018).

Für dich als Theaterpädagog*in ist es also von immenser Bedeutung, einen klaren Eindruck deines Menschenbildes ebenso wie deines künstlerischen Verständnisses zu haben, um diesen ebenso klar ausdrücken zu können. In deiner Funktion als Theaterpädagog*in gehört ein fundiertes pädagogisches und künstlerisches Handwerkszeug ebenso zur Grundausrüstung wie menschliche Empathie und Resonanz für deine eigenen und für die Bedürfnisse der Teilnehmenden.

7. Die Kunst des Zuschauens

Neben dem eigenen Ausprobieren und Einfühlen in konkrete Situationen ist es ebenso wichtig, von außen zu beobachten, wie was wirkt und warum etwas funktioniert oder eben nicht. Möglich wird das, indem du die Gruppe immer wieder in Spielende und Beobachtende teilst und jeden auch mal die Zuschauendenperspektive einnehmen lässt. Nützlich kann hierbei sein, Beschreibung von Interpretation, Wahrnehmung von Bewertung zu trennen. Auch richtig Sehen will gelernt sein und nur eine gute Zuschauende ist auch eine gute Schauspielende.

8. Kritik ist konstruktiv – Spiel und andere Regeln

Theater machen ist immer Teamwork. Alle Teilnehmenden (vor und hinter der Bühne) tragen Verantwortung dafür, dass der theaterpädagogische Prozess gelingt.

Ensemblearbeit heißt, zusammenzuarbeiten. Auch auf der Bühne. Miteinander spielen setzt allerdings voraus, dass du die anderen in ihren Bedürfnissen (als Mitspielende und Figur) gut wahrnimmst und achtest (s. Punkt 6), Spielangebote annimmst und darauf entsprechend eingehst sowie dich an gefundene Absprachen hältst.

Konstruktive Kritik entwickelt dabei das ästhetische und soziale Empfinden weiter. Ein Feedback, eine Kritik auf alle spielerischen Versuche und Proben, ist notwendig, um sich als Schauspielende und Beobachtende weiter zu entwickeln. Kritik meint dabei ein positives Spiegeln der Dinge, die funktionieren ebenso wie eine konstruktive Rückmeldung auf Szenen, die noch nicht stimmen. Dabei bezieht sich die Kritik immer auf die Rollenfigur (Sachebene), nicht auf die Teilnehmende persönlich (Beziehungsebene).

9. Was hat das mit mir zu tun? – Transparenz und Authentizität

Es bietet allen Beteiligten ein Höchstmaß an Sicherheit und Orientierung, wenn sie wissen, wo sie sich gerade im Prozess befinden, welche Schritte ihnen noch bevorstehen und welches Ziel sie gemeinsam ansteuern. Schritte und Gedanken zum Prozess wiederholt darzustellen, ist daher von großem Nutzen.

Um stimmige (szenische) Umsetzungen und Haltungen im Spiel zu finden, ist es unablässig, dass sowohl Rollentragende (Spielende) und Rollenfiguren genau wissen, was, warum, wann, auf, vor oder hinter der Bühne getan wird. Nur wer das im wahrsten Sinne des Wortes begriffen hat, kann (im Spiel) authentisch sein. Daher ist eine genaue Erforschung der eigenen

Figur (Rollenbiografie), ihrer Beziehung zu anderen (Figurenkonstellation) und der Situationen, in die sie sich begibt (Handlung, Dramaturgie) unbedingt notwendig.

Ebenso ist es – gerade für spielunerfahrene Teilnehmende – von entscheidender Bedeutung, einen Bezug zu den Inhalten und auch zur Form der eigenen Inszenierung zu finden. Was hat das Ganze mit mir, mit dem Hier und Jetzt zu tun? Wenn du weißt, welche „Botschaft" du mit deiner künstlerischen Arbeit transportieren möchtest, bist du zum einen eher motiviert, für sie zu kämpfen, und kannst dich zum anderen besser mit ihr identifizieren.

10. Ende ist nie – im Flow bleiben

„Flow" ist das englische Wort für „fließen, strömen" und bezeichnet psychologisch gesehen einen mentalen Zustand völliger Vertiefung bzw. eine Tätigkeit, in der du so aufgehen kannst, dass sie sich wie von selbst zu vollziehen scheint. Sachser (2012, S. 82ff.) bezeichnet den Theaterspielflow auch als „schöpferische Gestaltungskategorie", die wir Theaterpädagog*innen über bestimmte Faktoren herstellen können.

Glaube daran, dass du gestalten kannst, wenn du dir bewusst bist, WAS du erreichen möchtest und WIE du es herstellen kannst. Bis zum Schluss. Und darüber hinaus; denn der Prozess des Gestaltens strömt auch weiter, wenn das Projekt vermeintlich beendet ist.

- Wir enden quasi, wie wir begonnen haben.
- Wir denken zirkulär!
- Wir bleiben im Fluss!
- Anfang ist immer!
- Ende ist nie!

Dein Prozess ist nicht mit dem letzten Treffen oder der letzten Vorstellung beendet, vielmehr beginnt jetzt die Zeit des Nachwirkens, des Reflektierens; d.h. du, jede Teilnehmende und hoffentlich auch das Publikum lernen über das Tun und Wahrnehmen hinaus und können das Gelernte mitnehmen in neue Projekte.

Deshalb: Gönne dir Zeit, auch Abschluss und Übergang bewusst und achtsam zu gestalten (s. Akt 5). Und lasse erst danach bewusst los, um neu zu beginnen. Nach dem Spiel ist vor dem Spiel.

Didaktische Überlegungen für die Norming-Phase

Ein Höhepunkt ist, wenn viele ICHs ein WIR-Gefühl entwickeln, zu einem Ensemble zusammenwachsen, das sich vertrauen und achten kann. Auf dieser Basis, in diesem Rahmen können sich alle künstlerisch frei äußern und ausprobieren. Es gibt eine Übereinkunft über die Art und Weise des Arbeitens, ein gemeinsames Ziel, auf das hingearbeitet wird.

Hypothesen für die Norming-Phase

- Deine innere Haltung als Theaterpädagog*in ist dir bewusst. Du kommunizierst sie so klar und authentisch wie möglich und grenzt dich ab, wo nötig.
- Es gibt einen gemeinsamen Möglichkeitsraum, in dem alle (angst-)frei ausprobieren und gestalten können.
- Es existieren Übereinkünfte über den Umgang miteinander und mit künstlerischer Sprache.
- Es gibt ein Ensemble, das auf ein gemeinsames Ziel hinarbeitet.

Didaktisch-methodische Prinzipien, die hilfreich sein können

- Das Ensemble bekommt einen Namen.
- Die Produktion bekommt einen Arbeitstitel.
- Es werden Spielendenverträge ausgehandelt.
- Alle bringen Material mit, haben Raum, ihre Ideen präsentieren zu können.

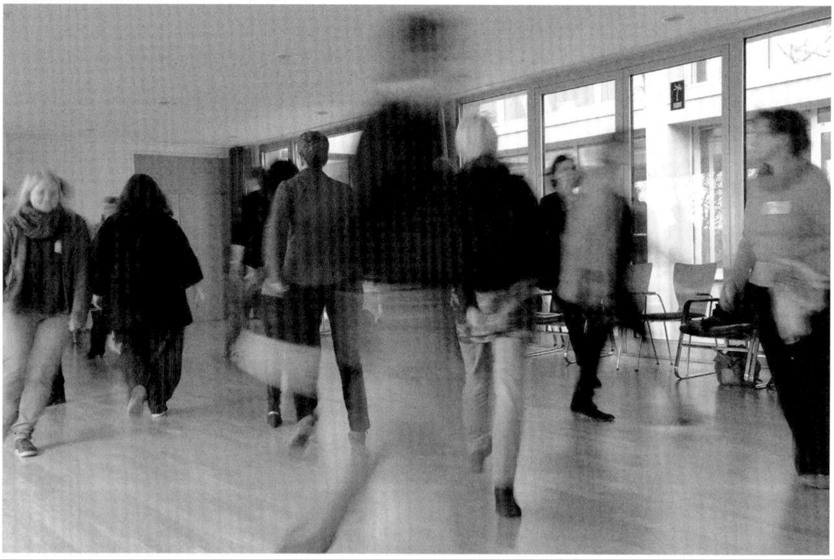

Haltestelle III: Fester Standpunkt, gute Haltung

Weiter oben haben wir in einem Exkurs darüber berichtet, wie viel die Lebenskünste Theaterpädagogik und Yoga miteinander gemein haben. Grund genug, einige Yogaübungen einzustreuen, anhand derer wir immer wieder eine gute Haltung und Balance sowie einen festen Stand üben können. Leg also das Buch beiseite und probier es aus:

Ü

Im Leben stehen

Stell deine Füße parallel zueinander. Nimm bewusst Kontakt zum Boden auf, der dich trägt, mit dem du dich fest verwurzelst. Schmieg die Außenkanten der Fersen und die Großzehnballen deutlich an den Boden. Richte dich an deiner inneren vertikalen Achse auf, bis der Kopf in etwa lotrecht über dem Becken ist. Ruhig atmen und die Stabilität deines Standes erspüren.

Variation: Wer möchte, kann beim Ausatmen tönen. Das verlängert das Ausatmen und verstärkt so die innere Ruhe. Ein tiefes „U" zum Beispiel wird dem Wurzelchakra zugeordnet.

Ü

Bäume umarmen

Gönn dir einen kurzen Spaziergang, bevor du weiterliest. Geh raus. Beweg dich an der frischen Luft. Nimm bewusst die Bäume um dich herum wahr, wie sie gewachsen sind, welche Würde und Kraft sie ausstrahlen, wie sie sich anhören, wenn sie sich im Wind bewegen, wie sie riechen. Vielleicht willst du dich einen Moment am Stamm anlehnen, ausruhen. Oder einen Baum umarmen und Energie tanken.

Ü

Haltungen und Erwiderungen

Dies ist eine Gruppenübung oder Partner*innen-Übung: Gehe für dich entspannt durch den Raum und sammle innere Bilder, quasi Schnappschüsse, die dir in den Sinn kommen zum Thema professionelle Haltung als Theaterpädagog*in. Alle deine Assoziationen sind „richtig", dir werden vermutlich auch Situationen einfallen, die gar nichts mit der professionellen Rolle zu tun zu haben scheinen. Wähle dir nacheinander eine Haltung aus …

die dir am vertrautesten erscheint, die dir hinderlich zu sein scheint,

die dir am allermeisten dir entspricht.

Stelle nacheinander diese Haltung als Skulptur dar und halte sie für eine Weile. Deine Partner*in betrachtet still deine Skulptur und ergänzt dein Angebot durch eine komplementäre, ihr passend erscheinende Haltung. Lass diese Haltungserwiderungen auf dich wirken. Später findet ein Rollenwechsel statt.

4. Akt: Fallende Handlung – vom Was zum Wie

Wohin noch mag mein Weg mich führen?
Närrisch ist er, dieser Weg,
er geht in Schleifen,
er geht vielleicht im Kreise.
Mag er gehen, wie er will,
ich will ihn gehen.
Hermann Hesse, Siddhartha

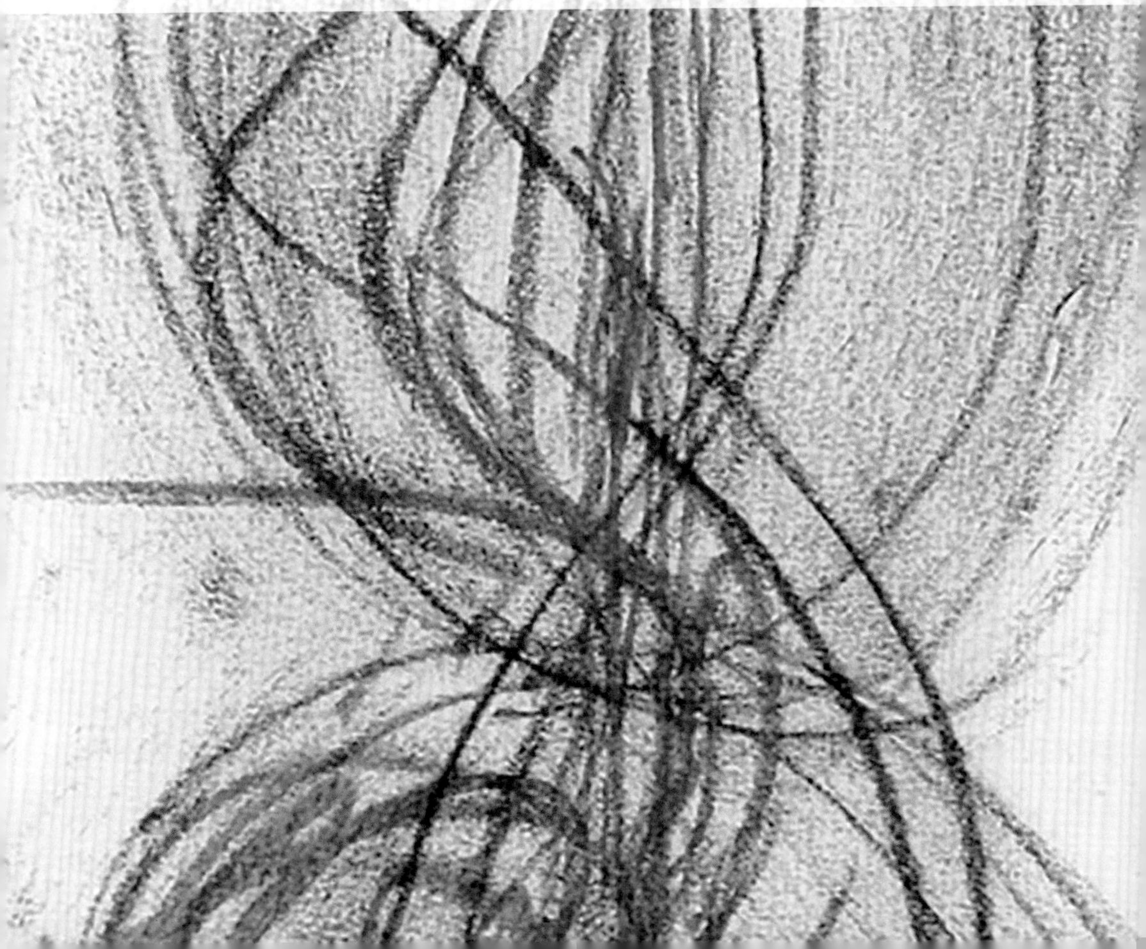

Im klassischen Drama geht es im 4. Akt um die fallende Handlung, gespickt mit retardierenden, d.h. aufschiebenden, verlangsamenden, hinhaltenden Momenten, die jedoch alle mit höchster Spannung und Konzentration auf das Ende, die Lösung hinarbeiten. In unserem „Didaktik-Methodik-Fall" bedeutet das: Wie rettest du deine Held*innen? Wie spiegeln sich deine inneren Haltungen in äußeren Handlungen? Wie setzt du die notwendigen Schritte und Bedingungen für den theaterpädagogischen Prozess in die Tat um? Wie wird Haltung zu Kompetenz? Welche Methoden wendest du wie an, um angemessen zum Ziel zu gelangen? Wie wird aus dem WAS ein WIE?

Zunächst einmal ist es hilfreich, die didaktischen WAS-Fragen den methodischen WIE-Fragen gegenüberzustellen, um auf den rechten theaterpädagogischen Pfad zu gelangen. In der Tabelle auf S. 106 sind dazu jede Menge Impulse enthalten. Die WAS-Fragen fungieren dabei als Entscheidungsfeld, d.h. du als Theaterpädagog*in kannst dir vor, während und nach dem zu begleitenden Prozess die Fragen immer wieder vor Augen führen, um die für deine Arbeit geeigneten inneren Bedingungen auszuloten bzw. äußeren Strukturen zu schaffen, damit du dein Ziel/Ergebnis erreichen kannst.

Die WIE-Fragen übertragen dabei deine gewonnenen didaktischen Entscheidungen in konkretes, methodisches Handeln. Daher nennen wir dieses Feld Handlungsfeld. Es ist dein Spielfeld, dein Möglichkeitsraum, dein Labor der Fantasie, auf und in dem du gemeinsam mit den anderen am Prozess beteiligten Menschen deine und eure Sache praktisch umsetzt und gestaltest. Du schaffst hier einen Rahmen, in dem du dich frei bewegen kannst.

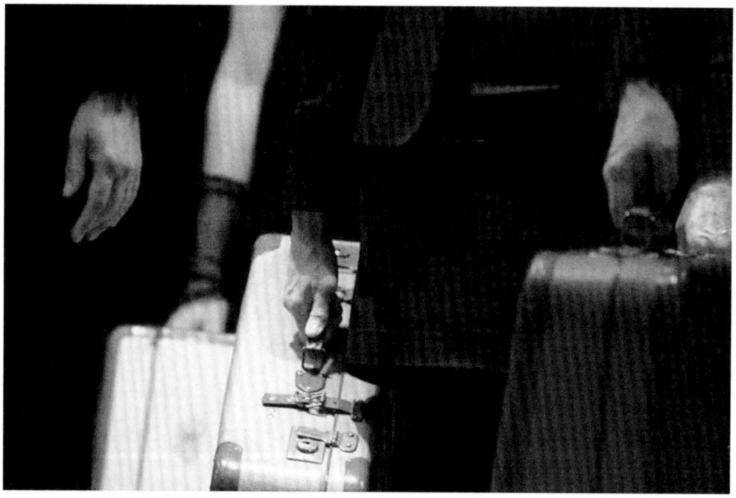

Ich packe meinen Koffer und nehme mit …

A. Von der Kompetenz zur Handlung: unser 1x1 des theaterpädagogischen Lehrens und Lernens

1x1 macht sechs – widdewidde wer will's von mir lernen?
Alle groß und klein – trallalala lad' ich zu mir ein.
frei nach Pippi Langstrumpf

Wenn wir uns auf das Metamodell zum Lehr-Lern-Geschehen zwischen Theaterpädagog*innen und Teilnehmenden beziehen (siehe Akt 3), lautet die erste Frage: Wie wird die professionelle Haltung zur pädagogischen Kompetenz? Bei der konkreten Umsetzung und Gestaltung lautet die nächste Frage: Wie wird die Kompetenz zu einer kompetenten Handlung? In diesem Rahmenmodell bedeutet kompetente Handlung für eine Theaterpädagog*in: die angemessene und wirksame Gestaltung eines Rahmens, in dem es gelingt, in gemeinsamer Interaktion individuelle Lernprozesse passend zu den fachlichen und persönlichen Lernzielen mit methodischen Interventionen anzuregen und zu steuern.

Hier geht es also darum, aus der Vielzahl von Möglichkeiten und Ideen eine stimmige Auswahl zu treffen und diese in eine Strategie, einen Handlungsplan zu gießen. Aber auch der beste Handlungsentwurf ist zunächst ein Vorhaben, eine mögliche Wirklichkeit, die dann in der Interaktion mit der Teilnehmendengruppe zu einer gemeinsamen Wirklichkeit wird. Wir sehen uns also mit der Paradoxie konfrontiert, etwas Unplanbares planen und realisieren zu wollen. Wir müssen „unterwegs" spontan neue Handlungspläne aufstellen und oft sehr schnell im Tun entscheiden.

Zur Orientierung im Moment der Umsetzung wird es umso hilfreicher sein, sich immer wieder selbst auf die eigenen Wurzeln zu besinnen (vgl. Baum-Metapher aus Akt 2). Das konkrete pädagogische Handeln ist immer auch ein gutes Stück Beziehungsarbeit – in Kontakt mit den eigenen Konzepten und Haltungen wie auch mit denen der Teilnehmenden.

Dabei empfehlen wir neben Entschlossenheit und Wagemut auch immer Bescheidenheit und Demut in Bezug auf die eigenen und die Grenzen anderer. Auch wenn du glaubst, ein*e Alleskönner*in sein zu müssen, zu sollen oder auch zu wollen: Auch Superheld*innen haben Grenzen und Verwundbarkeiten – genau deshalb sind sie in der Regel ja so liebenswert, oder?

Um mit Hilliger (2018, S. 67) zu sprechen: „Unter dem Gesichtspunkt der Beteiligung aller entscheidet sich die Qualität einer theaterpädagogischen Arbeit nicht zuletzt anhand der Fähigkeit, einen künstlerischen Prozess nach sozialen Gesichtspunkten zu gestalten. Voraussetzung ist eine forschende Haltung auch der künstlerisch-pädagogischen Experten, auf deren Basis eine Vermittlung zwischen Gestaltungsformen des Theaters, den Realitäten einer Gruppe und der pädagogischen Situation sowie den Interessen der Anleitenden stattfinden kann. Die Anleitenden müssen also ganz sicher viel und Wesentliches können, aber nicht alles."

DIDAKTIK	METHODIK	IMPULSE	
WAS-Fragen **Entscheidungsfeld für innere und äußere Bedingungen**	**WIE-Fragen** **Handlungsfeld im Möglichkeitsraum** **Das Labor der Fantasie**	**Theorie** **„Gedankenblüten"**	**Praxis** **Den Baum zum Wachse bringen**
ANFANG ist immer: Haltung einnehmen, bitte! – PLANEN			
Was ist meine Haltung? Meine Haltung als Mensch in meiner Funktion als Theaterpädagog*in? Zu den Menschen, mit denen/für die ich arbeite? Zur Sache? Was ist meine Rolle im Prozess? Was meine ich, können, wissen, sein zu müssen? Was ist meine Voraussetzung an mich, mein Anspruch, um gut theaterpädagogisch arbeiten zu können? Was ist für mich ein erfolgreiches Projekt? Was ist Scheitern für mich? Was weiß ich über die Menschen und die Sache, über das bevorstehende Projekt? Was muss ich wissen? Was sind meine Erwartungen? Positive (worauf freue ich mich?) oder negative (Befürchtungen, Ängste)?	Wie gelange ich zu meiner Haltung? Wie erarbeite ich mir ein eigenes Profil? Wie trage ich mein Selbstverständnis nach außen? Wie verhalte ich mich als Leitende, Begleitende? Wie nutze ich meine (Theater-)Erfahrung? Wie definiere ich mich, mein Arbeitsfeld, meine Zielgruppe? Wie bilde ich mich aus, fort, weiter? Wie setze ich mein Wissen um/ein? Wie gehe ich mit Erfolg um? Wie gehe ich mit Scheitern um? Wie geht es mir, wenn ich an die Sache, die Gruppe, Einzelne denke? Wie gehe ich auf sie zu? Wie komme ich an Informationen? Wie gehe ich mit Erwartungen um? Wie wappne ich mich gegen Enttäuschungen?	Schaubilder und Modelle übertragen: Didaktisches Dreieck, TZI, Dramadreieck, Lernprozessrahmen, Intervention statt Instruktion, Baum und Rhizom, Kompetenzbereiche ABC der Theaterpädagogik: Begriffsdefinitionen zur Verortung nutzen Über den Tellerrand schauen: Yogaphilosophie und Theaterpädagogik	Eigenes Schaubild entwerfen Impulssätze ergänzen Scharade zu Körperhaltungen Poetry Slam mit Zitaten zum Thema „Didaktik, Methodik" Eigene 10 Grundsätze formulieren Visitenkarte erstellen Eigene Kompetenzen reflektieren

<table>
<tr><th colspan="4">Einen ENTWURF machen: Ziele und Inhalte umreißen! – VORBEREITEN</th></tr>
<tr><td>Was ist mein Ziel?
Was will ich machen? Ein pädagogisches, künstlerisches, therapeutisches Projekt? Prozess- oder produktorientiert, performativ?
Was will ich erreichen? Für einzelne Teilnehmende, für die Gruppe, für das Publikum, für mich selbst?
Was tue ich, um mein Ziel zu erreichen?
Was tue ich vielleicht/auf gar keinen Fall?</td><td>Wie entwickele ich eine angemessene Zielsetzung?
Wie formuliere ich ein Ziel?
Für mich, für das Projekt?
Wie kommuniziere, vermittle ich mein Ziel?
Wie bringe ich dabei meine Haltung ein?</td><td>GROW-Modell
Evaluation</td><td>Projektüberschrift formulieren
Ziele in Indikatoren übersetzen</td></tr>
<tr><td>Was sind meine Inhalte?
Was sind die Themenschwerpunkte, zu denen ich arbeiten möchte? Was möchte ich erzählen, vermitteln, warum?</td><td>Wie komme ich zu Ideen, Themen?
Wie vermittle ich Inhalte?
Wie setzte ich sie angemessen, zielgruppengerecht um?
Wie bringe ich dabei meine Haltung ein?</td><td>Brainstorming
Recherche
Dramaturgie
Literatur</td><td>Didaktische Fragestellungen beantworten</td></tr>
<tr><th colspan="4">Ein EREIGNIS begleiten: Strukturen schaffen und umsetzen – Scheitern, lernen, neu beginnen! – DURCHFÜHREN</th></tr>
<tr><td>Handlungs-, Prozess- und soziale Strukturen: Was sind meine Arbeitsschritte, um zu meinem Ziel zu gelangen?
Was tue und brauche ich, um Inhalte angemessen umzusetzen?
Was ist mir dabei klar, was unklar?
Was sind meine Kompetenzen, was meine Grenzen?
Was brauchen die Menschen im Prozess (Ich, einzelne Teilnehmende, die Gruppe, das Publikum)?</td><td>Wie setze ich die Arbeitsschritte um? Wie fange ich an? Wie höre ich auf? Wie (re-)agiere ich dazwischen?
Wie bringe ich dabei meine Haltung ein?
Wie organisiere ich geeignete Rahmenbedingungen? Wie finde ich passende Teilnehmende? Wie finde, gestalte ich einen passenden Raum? Wie gestalte ich Zeit?
Wie gestalte ich eine Probe?
Wie komme ich an mein Wissen? Wie vernetze ich mich? Wie delegiere ich Verantwortung? Wie suche und finde ich Unterstützung?</td><td>5 Arbeitsschritte nach Meyer
Gruppendynamik nach Tuckman
Planungstabelle
Beobachtungsbogen
Feedback-Regeln
Reframing
Kollegiale Beratung
Literaturliste</td><td>Arbeitsschritte formulieren
Checkliste, Planungstabelle für das Projekt
Notfallkoffer packen
Improvisieren
Zwischendurch Abstand schaffen und beobachten
Rolle und Selbststeuerung reflektieren</td></tr>
</table>

Was braucht die Sache (Material, Medien, Texte, Räume, Zeit ...)? Was muss ich vorweg wissen, recherchieren, festlegen? Was kann ich erst während der Arbeit erfahren? Was kann ich tun, um angemessen zu (re-)agieren? Was sind meine Bedingungen, Regeln für die Arbeit (Vertrag, Spielregeln ...)?	Wie konzipiere ich Inhalte? Wie setze ich Themen um? Wie übertrage ich Methoden auf mein Anliegen? Wie leite ich sie an? Wie interveniere ich? Wie reagiere ich auf Widerstände? Wie gehe ich mit Scheitern um? Wie formuliere und kommuniziere ich Regeln? Wie pflege ich mich selbst, wenn es stressig wird? Wie betreibe ich Psychohygiene?		
ENDE ist nie: Das ERGEBNIS analysieren und dokumentieren, Erkenntnisse ins nächste Projekt mitnehmen – AUSWERTEN			
Evaluieren, Dokumentieren, Analysieren: Was hast du mit der Gruppe geschafft? Was ist gut gelungen und was heißt das? Was ist nicht gelungen und was heißt das? Was sind die Indikatoren zur Bewertung? Was sind die Ziele, die ihr erreichen wolltet, und wer und was kann ermessen, ob du sie erreicht hast? Was musst aus der Reflexion heraus beim nächsten Mal anders machen? Was willst du noch lernen? Was wirkt weiter? Was geht? Was bleibt? Was ist noch offen?	Wie überprüfe ich kompetente Handlung? Wie gestalte ich Abschlüsse?	Ziel-Indikatoren nutzen Dokumentieren Kollegiale Auswertung	Probenprotokolle Regiebuch Videoaufzeichnung zur Auswertung Interviews Fragebögen

T

Vom WAS zum WIE

Du kannst vor jedem Projekt unsere und deine persönlichen WAS- und WIE-Fragen durchgehen und daraus dein und euer persönliches 1x1 des theaterpädagogischen Lernens und Lehrens entwickeln. Wir möchten das im Folgenden beispielhaft tun und dir damit Gedanken, Impulse, Verfahren und Methoden ans Herz legen, die wir in unserer langjährigen Praxis schätzen gelernt haben.

B. ANFANG: Planen

Haltung einnehmen – deine Visitenkarte

Das ist in den letzten Kapiteln sicherlich klar geworden: Begonnen wird immer beim ICH der Theaterpädagog*in, bei deiner Haltung. „Das ist wichtig, weil die eigene Ausgangslage auch die Wahrnehmung der Situation und der Person beeinflusst, und es ist gut, sich dieses Ich-Anteils bewusst zu sein." (Roth-Lange 2017) Wie betrachte ich mich, wie betrachte ich die Teilnehmenden, die Sache, das Außen (Globe), wie die Zuschauenden und welche Möglichkeiten werden dadurch eröffnet oder auch ausgeschlossen? Wenn ich innen klar bin, kann ich das Außen als Außen achtsam wahrnehmen, es gestalten, mich einbringen oder abgrenzen, gezielt Impulse setzen, in Resonanz gehen und meine Beobachtungen fundiert reflektieren.

Dieser Prozess, eine individuelle Haltung bewusst zu entwickeln, braucht Zeit und befindet sich in ständiger Bewegung, da alle neuen Begegnungen und Erfahrungen in dieses Wachsen als Theaterpädagog*in hineinspielen. „Zum Beispiel zu erkennen, dass wir alle nur in unserer subjektiven Wirklichkeit unterwegs sind. Eine besonders hilfreiche Haltung ist es auch, vor allem nach nützlichen Ressourcen zu schauen … Eine solche Haltung braucht Übung, viel Übung!" (Reyer 2014, S. 8)

Daher hier noch eine Übungsmöglichkeit, deine Antworten auf die didaktischen Fragen zur Haltung zu visualisieren und daraus eine individuelle Visitenkarte zu erstellen:

T

Visitenkarte

Es gibt keine zweite Chance für den ersten Eindruck. Daher ist es wichtig, einen guten Eindruck von sich selbst zu gewinnen, um ihn entsprechend zum Ausdruck zu bringen. Gestalte dir eine Visitenkarte. Wenn du alle didaktischen Fragen zur Haltung für dich beantwortet hast, kannst du hier die gewonnenen Erkenntnisse über dich als Theaterpädagog*in filtern und die besonders Wesentlichen aufmalen und -schreiben. In die Mitte des Blattes kommt dein Name. Danach kannst du das Blatt in beliebig große Flächen unterteilen. In jede Fläche malst, schreibst du Dinge, die dein Profil als Theaterpädagog*in abbilden. Überschriften können sein:

Ich bin eine großartige Theaterpädagog*in, weil …
Besonders gut gelingt mir …
Das sind meine Grenzen/SOS-Zonen …
Besonders aufpassen muss ich, wenn …
Die Reißleine ziehe ich, wenn …
Das denke ich über meine Teilnehmenden …

Das macht meine Haltung aus ...
Das schätzen andere an mir besonders ...
Meine Lieblingsmethoden ...
Didaktische Highlights ...
Meine didaktische Haltung macht aus ...
Meine drei Golden Rules ...
Mein Motto ...

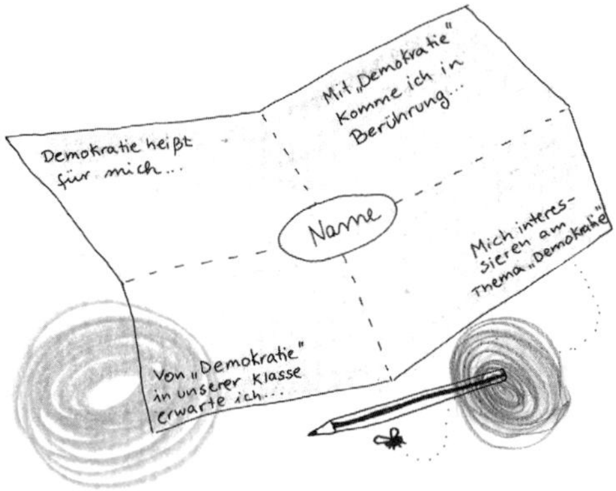

Beispiel für die Gestaltung einer Visitenkarte

Bundeszentrale für politische Bildung: Thema im Unterricht/Extra Methoden-Kiste, © www.leitwerk.com

Haltung ausloten – in Resonanz mit den Teilnehmenden sein

Ein Instrument, das Haltungen innerhalb der Interaktion mit Spielenden (als Gruppe und Einzelperson) während der theaterpädagogischen Arbeit erleichtern kann, ist das Interaktionsmodell „Rose of Leary" (Lodewijks & Verstegen 2004, S. 18ff.). Das Modell befasst sich auf zwei Ebenen mit den energetischen Dimensionen von Interaktion: der Statusdimension und der Affiliationsdimension.

Erstere setzt sich mit den Themen Macht und Kontrolle auseinander (Wie viel Kontrolle übt wer über wen aus? Wer besitzt innerhalb der aktuellen Interaktion wie viel Macht? Bin ich in meiner Energie oben oder unten?). Die zweite Dimension befasst sich mit dem Thema von Nähe und Distanz (Wie freundlich oder ablehnend sind wir einander gesinnt? Arbeiten wir gerade mit- oder gegeneinander?).

Diese zwei Dimensionen werden in der Grafik (Lodewijks & Verstegen 2004, S. 18) auf der Längs- (dominant/ untergeordnet; auch: oben/unten) und der Querachse (ablehnend/zugewandt; auch: gegen/ mit) abgebildet. Innerhalb der dadurch entstehenden vier Felder entstehen die entsprechenden Typologien und Energien (proaktiv, kooperativ, reaktiv, destruktiv). Diese vier Typologien werden in sich noch einmal unterteilt (grafisch gesehen entstehen dadurch acht „Kuchenstücke") und es entstehen – im Uhrzeigersinn – zusätzlich Einheiten wie leitend, sorgend usw. bis streitend:

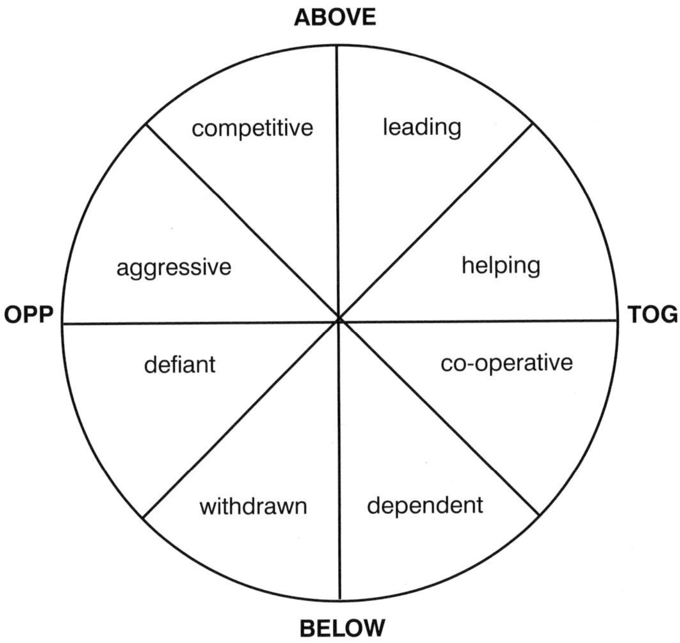

Die Rose of Leary

proaktiv:
dominant, zugewandt (DZ); oben mit: leiten und Rat geben
zugewandt dominant (ZD); mit oben: sorgen, helfen
kooperativ:
zugewandt untergeordnet (ZU); mit unten: folgen, mitarbeiten
untergeordnet zugewandt (UZ); unten mit: abwarten
reaktiv:
untergeordnet ablehnend (UA), unten gegen: sich zurückziehen, anpassen
ablehnend untergeordnet (AU); gegen unten: protestieren, aufständisch sein
destruktiv:
ablehnend dominant (AD); gegen oben: streiten, aggressiv sein
dominant ablehnend (DA): oben gegen: gewinnen, destruktiv sein

Die bezeichneten Typologien dienen nicht der Bewertung, sondern beschreiben ausschließlich Energien im momentanen Interaktionsgefüge, die es in eine Balance zu bringen gilt. Die Aufgabe aller am Prozess Beteiligten wäre es also hier, ausgleichend einzuwirken.

T

Beispiel: Eine Teilnehmerin bleibt in ihrer Energie stets „unten mit", bringt kaum eigene Ideen ein, bleibt sehr verhalten im Spielangebot. Dann kannst du als Theaterpädagog*in in die (grafisch gesehen gegenüberliegende), ausgleichende Energie, ins „oben gegen" gehen. „Destruktiv/ gewinnend" könnte hier also meinen, dass du sie durch konkrete Aufforderung zum Spiel aus der Reserve lockst, herausforderst, Stellung zu beziehen. Du setzt dich also bewusst mit hoher Energie dominant „gegen" die verhaltende Energie der Spielerin, um sie in eine „proaktive", also mitwirkende, Haltung zu bringen.

Stellen wir uns die Grafik liegend als bewegliche Fläche (z.B. als schwimmende Eisscholle) vor, wird begreifbar, dass – soll die Fläche (Interaktion) stets in Balance gehalten werden – die ausgleichende Funktion die ist, auf die Handlung des Gegenübers so zu reagieren, dass diese Fläche in Balance gehalten wird.

Jede Interaktion bewegt sich also permanent auf diesem Energiefeld hin und her. Je näher sich alle Beteiligten am Rand dieses Feldes aufhalten, umso extremer gehen die Energien auseinander. Ziel ist es daher, alle Energien möglichst zentrumsnah zu bündeln.

Ü

„Eisscholle"

Sicher kennst du diese Übung: Alle Teilnehmenden laufen durch den Raum und stellen sich vor, die Bühnenfläche sei eine Scholle, die im Meer frei umher treibt. So wie sich die Spielenden auf der Fläche verteilen, bewegt sie sich in der Vorstellung nach rechts, links usw., wenn das Gewicht ungleich verteilt ist.

Diese Übung lässt sich vom Prinzip hervorragend auf die praktische Erkundung der „Rose of Leary" übertragen. Lege den Kreis mit seinen Bedeutungen oben, unten, gegen, mit im Raum aus. Kennzeichne ebenso die „Kuchenstücke" dominant, ablehnend usw. Nun können zwei Spielende diesen Kreis wie die Scholle bespielen. Ihre Rollen sind die der Leitung und einer Teilnehmenden. Je nachdem, in welchem Kuchenstück sie sich aufhalten, gehen sie in die innere Haltung des z.B. „oben mit" oder „unten gegen" und verhalten sich entsprechend. Die Tatsache, ob sie sich eher am Rand oder in der Mitte des Kreises aufhalten, zeigt die Gewichtung der inneren Haltung und lotet Nähe und Distanz aus. Wenn die Teilnehmende agiert hat, darf die Leitung jeweils versuchen, durch Veränderung ihrer Position und Haltung die Situation (den Kreis, die Scholle) wieder in ein Gleichgewicht zu bringen und die Energie auszugleichen.

C. ENTWURF: Projekt vorbereiten

Nun weißt du, wo du im Moment als Theaterpädagog*in stehst und kannst ausgehend von dieser Haltung dein nächstes Projekt vorbereiten. Dein WAS (die didaktischen Fragen und Modelle, von denen du nun ausgehst) wird dein WIE (deine aktive Rolle, deine Methoden und Interventionen) nachhaltig bestimmen und beeinflussen, egal, was du konzipierst: eine ganze Spielzeit, ein Jahresprojekt, eine Projektwoche, eine einzelne Probe, eine Probestunde … Egal, für wen du es konzipierst (Zielgruppe). Immer stellst du dir vorweg Fragen zu den beteiligten Menschen und zur Sache, gehst schrittweise von der Formulierung des Ziels und des Inhalts zur Organisation und Umsetzung der Struktur und den Vermittlungsaspekten über. Immer gehst du vom großen Ganzen zu den kleinen Details, vom Allgemeinen zum Speziellen.

Konkrete Ziele setzen

Wer den Hafen nicht kennt, in den er segeln will,
für den ist kein Wind ein günstiger.
Seneca

Sich für das eigene Projekt Ziele zu setzen, ist hilfreich, motivierend und wegweisend. Wichtig ist, dass die Ziele konkret, positiv und einfach formuliert werden (vertiefend bei Hinrichs 2008, S. 5ff.).

Statt einen unverbindlichen Wunsch zu äußern wie, „es wäre schön, wenn viele Teilnehmende kämen", lege zum Beispiel fest: „Um das Projekt stattfinden zu lassen, müssen mindestens acht Teilnehmende zusammenkommen." So wird dein Ziel eindeutig und verbindlich.

Wesentlich ist auch eine positive Formulierung deines Zieles. Bei positiven Zielen willst du etwas ganz Bestimmtes erreichen. Bei negativen Zielen soll etwas nicht mehr der Fall sein. Beispiel: „Ich will nicht mehr mit so großen Gruppen arbeiten", wäre ein negatives Ziel. Hier ist das, was du willst und wonach du handeln kannst, weniger genau umschrieben. Stattdessen könnte das positive Ziel sein: „Die Gruppengröße soll zwanzig Personen nicht überschreiten." Ähnlich einem Navigationssystem brauchen wir Menschen klare Ziele und Anweisungen. Damit du dich und deine Gruppe an ein konkretes Ziel navigieren kannst, würdest du in ein Navigationsgerät ja auch nicht eingeben „Wir möchten möglichst nicht in die Innenstadt."

Hilfreich ist es zudem, das Ziel des großen Ganzen in mehrere Teilziele und -schritte einzuteilen. Der Weg eines theaterpädagogischen Projektes ist ein komplexer, nicht alle Schritte sind vorher planbar, nicht alle Spielzüge vorhersehbar und schon gar nicht linear und kausal in der Abfolge. Daher ist es gut, kleine Teilziele zu haben, die immer wieder Wegmarkierungen zur Orientierung setzen können. In Zwischenanalysen kannst du dann sehen, ob die jeweiligen Teilziele erreicht wurden. Und wenn ja, erkennen, was hilfreich war. Wenn nein, ermitteln, was notwendig ist, um konstruktiv weiter auf das große Ziel hinzuarbeiten.

Fragen können sein:

- Ist mein Ziel positiv?
- Bis wann will ich dieses Ziel erreicht haben?
- Welche Mittel benötige ich dazu?
- Was steht mir derzeit zur Erreichung des Ziels zur Verfügung?
- Welche Teilschritte plane ich ein?
- Wie gehe ich mit Querschlägern, Rückschritten, Umwegen um?

Ziele inhaltlich differenzieren

Wir lernen mit Kopf, Herz und Hand. Gerade im Bereich des kreativen Lernens, im Rahmen von ästhetischer Bildung, im gemeinsamen künstlerischen Tun denken wir ganzheitlich. Daher ist es sowohl hilfreich als auch notwendig, unsere Zielformulierung auf unterschiedliche Bereiche zu beziehen und entsprechend zu differenzieren.

Zielbereich KOPF: Hier geht es um kognitive Ziele, um eine Bildung des Geistes, d. h. alles Wissen, alle geistigen Fähigkeiten, alle rationalen Kenntnisse, die wichtig sind, um unsere formalen und inhaltlichen Ziele (Sachziele) zu erreichen.

Zielbereich HERZ: Gemeint sind emotionale, affektive Ziele für jeden Einzelnen, aber auch für die Gruppe. Daher gehören in den Herzbereich alle pädagogischen und sozialen Zielformulierungen hinein, die Wertevermittlung innerhalb des Projektes: Wie wollen wir einander ansprechen, wie wollen wir miteinander umgehen usw.?

Zielbereich HAND: Die Hand ist Stellvertreter für den gesamten Körper und soll alle Ziele umfassen, die etwas mit Erfahrungslernen zu tun haben: Welche psychomotorischen Fähigkeiten brauchen wir, was sind kinästhetische Ziele, instrumentelle Ziele? Welche Fertigkeiten und Fähigkeiten werden gebraucht? „Jedes Tun ist Erkennen, und jedes Erkennen ist Tun" (Maturana & Varela 1990).

Zielvorgaben und Kontexte einbeziehen

Neben den didaktischen Fragen, die für uns persönlich wesentlich sind, können und müssen immer auch Vorgaben berücksichtigt, Regeln und Pläne angewendet werden, die sich im jeweiligen Kontext ergeben:

- Als Theaterlehrer*in der Schule unterrichtest du z. B. auf den Grundlagen des jeweiligen Lehrplans. Da Schulbildung Ländersache ist, unterscheiden sich die formulierten Anforderungen und Zielsetzungen. In Nordrhein-Westfalen gibt es beispielsweise die „Handreichung zum Wahlpflichtfach Darstellen & Gestalten an Gesamtschulen" (http://www.schulentwicklung.nrw.de, 2018). Dort findet man u.a. konkrete Ziele zu fachspezifischen Kompetenzen, die im Rahmen des Faches vermittelt werden sollen.
- Als Dozent*in in der Ausbildung von Theaterpädagog*innen legst du deinen Planungen dagegen spezielle Rahmenrichtlinien zugrunde. Der Bundesverband Theaterpädagogik BuT e.V. hat z. B. bundesweit geltende Rahmenrichtlinien für die Durchführung von Bildungsgängen in Theaterpädagogik formuliert und zertifiziert entsprechende Bildungsgänge (www.butinfo.de/rahmenrichtlinien, 2018).
- Als freischaffende Theaterpädagog*in richtest du dich nach den Zielvorgaben deines jeweiligen Auftraggebenden.
- Als fest engagierte Theaterpädagog*in am Theater liegt der Spielplan deinen Planungen zugrunde.

T

Das GROW-Modell

Um innerhalb eines Spiel- oder Theaterprozesses wachsen zu können, ist es nützlich, dass du gemeinsam mit den Beteiligten gemeinsame Ziele setzt. Wachsen heißt auf Englisch „to grow". Daher arbeiten Motivationstrainer*innen oft mit dem vierstufigen „GROW-Modell" (vgl. http://harmonit.se/coach/category/grow/, 2018). Das Wort „Wachsen" stützt dabei zum einen unser Bild vom Baum und vom organisch, lebendigen Lehren und Lernen. Zum anderen unterstreicht es die Annahme der Zirkularität von Prozessen (s. Abbildung).

- **G**OAL: Welches Ziel hast du? Was willst du erreichen?
- **R**EALITY: Wo stehst du zurzeit? Hält dich etwas zurück?
- **O**PTIONS: Welche Möglichkeiten bieten sich dir? Welche Alternativen hast du?
- **W**ILL: Was wirst du wann tun, um dein Ziel in die Tat umzusetzen? Gibt es Hindernisse und wie kannst du sie überwinden? Wie kannst du dir Unterstützung holen?

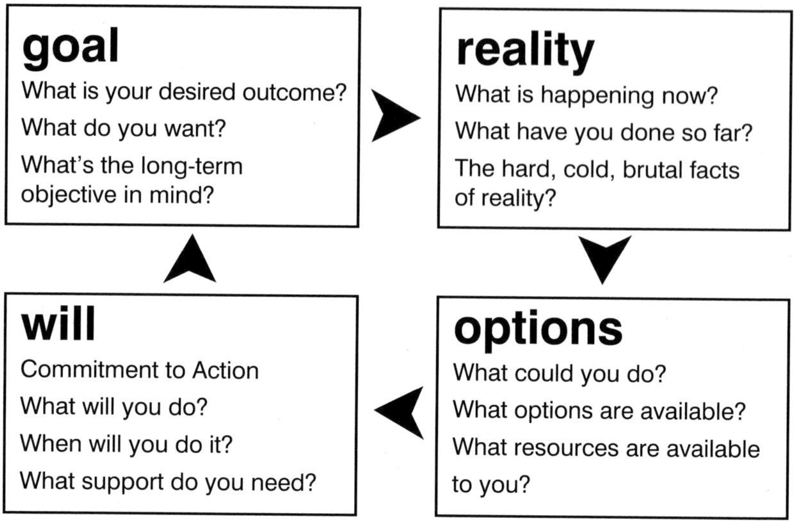

Das GROW-Modell

Ziele überprüfen

Die Definition von messbaren Zielen und Größen gehört zum Prozess der Projektplanung, -antragsstellung und -auswertung hinzu. Daher solltest du dir neben den Zielen auch um die Formulierung von Kriterien, Maßnahmen und Indikatoren Gedanken machen, welche die theoretischen Ziele praktisch umsetzbar und letztlich messbar machen. Letzteres ist wichtig, wenn du über eine Evaluation oder fundierte Dokumentation des Projektes nachdenkst (Akt 5). Nun erfassen objektive Größen Theaterprojekte nur sehr bedingt und unzulänglich, weshalb die „subjektive" Bewertung aufgrund von Erfahrung, Sachkenntnis und Intuition diese ergänzen muss.

Wesentliche Fragen sind hier:
1. Ziele: Was willst du erreichen?
2. Haltung/Werte und entsprechende Kriterien. Was sind Qualitätskriterien bei der Zielerreichung?
3. Maßnahmen/Methoden: Wie willst du das Ziel erreichen?
4. Indikatoren: Woran erkennst du, dass das Ziel erreicht ist? (vgl. Fietz 2008, S. 15ff.)

Über Ziele und Haltung haben wir bereits geschrieben. Die Maßnahmen und Methoden folgen im nächsten Teil des Buches. Auf den Punkt Indikatoren möchten wir hier noch kurz eingehen.

Indikatoren

Ziele und Indikatoren stehen in einer direkten Beziehung zueinander. Ziele werden zuerst formuliert, danach die passenden Indikatoren zugeordnet. Letztere sollen Aussagen darüber ermöglichen, ob ein Ziel wirklich erreicht wurde und woran das plausibel erkennbar ist. Ein prinzipielles Problem besteht in Lern- und Bildungsprozessen nun darin, dass die pädagogischen Ansprüche wie etwa Mündigkeit und Selbstbestimmung nicht direkt abgelesen werden können, ebenso wenig wie eine Kompetenz als erworbene Möglichkeit, in komplexen Situationen kreativ zu handeln. Dieses Phänomen ist uns als Verhältnis von Tiefenstrukturen zu Oberflächenstrukturen schon im 2. Akt begegnet: Nur ein kleiner, für Wahrnehmung und Interaktion relevanter Teil ist beobachtbar, während ein für Lerngeschehen und Lernergebnisse wesentlicher Teil latent, quasi „unsichtbar“ bleibt.

Unterschieden werden qualitative und quantitative Indikatoren. Erstere sind objektiv wie z.B. die Anzahl der Vorstellungen, der Zuschauenden, der Teilnehmenden, die Presseberichte, die Erhöhung von Einnahmen usw. Neben den Zahlen sind im theaterpädagogischen Bereich am ehesten handwerkliche Erfolge „objektiv“ messbar. Schafft es eine Teilnehmende tatsächlich lauter zu sprechen, körperlich präsenter zu sein, verbindlicher Text zu lernen etc.? Daneben stehen die qualitativen Indikatoren, die eher subjektive Einschätzungen, Bewertungen und Meinungen widerspiegeln. Im pädagogischen Sinn können Veränderungen von Wahrnehmung, Verhalten, Werten durch die Teilnahme an einem Projekt eingeschätzt werden. Im künstlerischen Sinn eine ästhetische Weiterentwicklung, eine Bewertung der Inszenierung u.v.m.

Pro Ziel sollte mindestens ein Indikator definiert werden. Insgesamt sollte die Zahl der Indikatoren übersichtlich bleiben und auf das Notwendigste begrenzt sein. Als Indikatoren eignen sich Kategorien von Beobachtungen, die sich mit möglichst wenig Interpretationsspielraum auf das angestrebte Ziel beziehen lassen. Hier zahlt sich eine gründliche Ziele-Arbeit aus: Je präziser ich als Lehrende*r eine Zielvorstellung formuliert habe, umso einfacher lässt sie sich mitteilen und reflektieren – und liefert oft gleichzeitig einen Indikator mit.

Wenn eine Veränderung gemessen werden soll, braucht es eine quantitative Referenzgröße, um im Vorher-Nachher-Vergleich etwas aussagen zu können. Beispiel: Ist die Besuchendenzahl seit Einführung eines theaterpädagogischen Projektes größer geworden? Gelegentlich hilft es, einen weiteren Indikator zur Abgrenzung zu entwerfen, z. B. der Selbstbestimmung die Fremdbestimmung gegenüberzustellen, um die Beobachtungen auf einer kontinuierlichen Skala dazwischen einzuordnen.

D. EREIGNIS: Projekt durchführen

Fünf Arbeitsschritte

Es gehört zur Grundannahme innerhalb von Didaktik, dass Projekte im Allgemeinen sowie Probe- und Unterrichtsstunden im Speziellen in Schritten verlaufen bzw. in Phasen gegliedert werden. Auch hier gibt es verschiedenste Ansätze und Modelle, und auch hier heißt es für dich als Theaterpädagog*in wieder einmal: Welcher Ansatz ist meiner? Welches Modell kann ich mit meiner Haltung vereinbaren? Welche Phasen brauchen meine Teilnehmenden vermutlich, um sie zum erklärten Ziel zu führen bzw. die vorgegebenen Inhalte angemessen zu vermitteln?

Wir stellen im Folgenden fünf mögliche Arbeitsschritte vor und versuchen dabei, der Theaterpädagogik in der Form Rechnung zu tragen, dass wir die Disziplinen *Theater* und *Pädagogik*, die natürlich in der Praxis einander ergänzen und ineinander verschwimmen, hier theoretisch auseinandernehmen.

1. Schritt: Vorbereitung

Dieser Schritt umfasst eigentlich alles, was wir gerade unter „ENTWURF: Projekt vorbereiten“ bereits beschrieben haben. Du setzt dir klare Ziele für dein Projekt und ermittelst Indikatoren, wie du ermessen kannst, ob du deine Ziele auch erreicht hast. Differenziert in „Theater“ und „Pädagogik“, hieße das:

Theater:

- positive künstlerische Ziele setzen
- Indikatoren formulieren (im künstlerischen Sinne: z. B. ästhetische Weiterentwicklung der Teilnehmenden, Bewertung der Inszenierung)
- formale, inhaltliche und zeitliche Bedingungen für deine künstlerische Arbeit planen und absprechen: Disposition, Dramaturgie, Textvorlagen, Strichfassung …

Pädagogik:

- positive pädagogische Ziele setzen
- Indikatoren formulieren (im pädagogischen Sinne: z.B. Entwicklung einer positiven Dynamik in der Gruppe)
- Überlegungen, wie du vom WAS (Ziele) zum WIE kommen kannst (Methoden und Übungen planen, um Ziele zu erreichen)
- Arbeitskontext in Überlegungen einbeziehen (Wünsche der Auftraggeber*innen, Möglichkeiten und Grenzen der Zielgruppe)
- Vorüberlegungen zu möglichen Interventionen, wenn Planung nicht funktioniert (Plan B, Kurt Tucholsky: „Umwege erhöhen die Ortskenntnis)

Hilfreich ist es immer, auch hier bereits im Team zu arbeiten, Kolleg*innen, Auftraggeber*innen usw. in deine Gedanken und Planungen einzubeziehen. Gemeinsam „rumspinnen", Erfahrungen in einen Topf werfen, Wünsche und Erwartungen vorweg klären, ist lebendiger und ertragreicher. Die Vorbereitungsgruppe sollte allerdings nicht zu groß sein, denn zu viele Köch*innen verderben wiederum den Brei.

2. Schritt: Einstieg und allgemeine Basis

Nach der Phase des Vorbereitens und Planens – welche die Theaterpädagog*in allein und/oder im verantwortlichen Leitungsteam vorgenommen hat – beginnt der Einstieg in das Projekt oder die Probe. Anfangs ist es dabei zentral, eine Basis zu schaffen:

Theater:

- eine Basis im Anwenden von darstellerischen Mitteln (Handwerkszeug, Grundkenntnisse des Theaterspiels), Zeichen des Theaters
- eine Basis im formalen und inhaltlichen Ablauf der Proben (Spielregeln)

In diesem Schritt stehen die künstlerische Spurensuche, das Experimentieren, Improvisieren, das Ausprobieren im Vordergrund. Die Aufgabe der Theaterpädagog*in besteht darin, ein gutes Angebot und angemessene Methoden bereitzustellen.

Pädagogik:

- eine Basis an Vertrauen in sich und die Gruppe (Kennenlernen, Ensemblearbeit, Beziehungsnetz)
- ein langsames Heranführen an die Themen (biografische, literarische und Gruppen-Themen)

Eine Gruppe mit ihren Regeln und Ritualen wird geformt. Ein Ensemble soll entstehen, das Vertrauen ineinander verspürt, einander hilft, sich für den Prozess angstfrei öffnen kann. Motivation und Ermutigung ist hier deine zentrale Aufgabe.

3. Schritt: Erarbeitung und spezielle Vertiefung

Wenn das Vertrauen gewachsen ist, ein Ensemble entstanden, sich ein Thema, eine Produktionsidee herausgeschält hat, ein allgemeiner Einstieg abgeschlossen ist, kann mit speziellen inhaltlichen und formalen Schwerpunkten gearbeitet werden:

Theater:
- Das bisher entstandene Material wird gesichtet, vertieft und konkret auf Themen, Rollen, Texte und Szenen übertragen.
- Figuren werden umfassend charakterisiert und ausgearbeitet.
- Texte werden geschrieben, interpretiert, eingestrichen. Textpassagen und/oder Handlungsabläufe auf Spielende verteilt.
- Szenen werden inszeniert, verfremdet, umgearbeitet, neu erfunden.
- Räume werden entworfen, gestaltet, gebaut.
- Kostüme werden gefertigt, ausprobiert.
- …

Pädagogik:
In diesem gesamten Prozess solltest du nicht nur die Entwicklung einzelner Personen und der sich herausschälenden Themen im Blick behalten, sondern auch die gruppendynamische Entwicklung. Eventuell beginnende Konflikte, Störungen und Widerstände wollen früh wahrgenommen und unter Umständen explizit thematisiert werden.

4. Schritt: Sicherung und Wiederholung

Nach dem Erarbeiten von Rollen, Text- und Szenen-Material wird das Sammeln und Ausprobieren beendet. Die Gruppe einigt sich nun auf eine Auswahl des Materials, auf einen Ablauf, wiederholt diesen, hält sich an konkrete Absprachen und trainiert für die Präsentation.

Theater:
- Form und Inhalt des Stückes werden festgelegt und differenziert daran gearbeitet: eine Dramaturgie, ein Textbuch wird als verbindliche Arbeitsgrundlage zur Verfügung gestellt. Rollen werden besetzt.
- Abläufe werden auf Basis verbindlicher Absprachen geübt und wiederholt.

Pädagogik:
Hier kann es zu Krisen im Prozessverlauf kommen, weil die Theaterpädagog*in nun von der Impulsgebenden und Begleitenden eines Ausprobierens, mehr und mehr zu einer Leitung wird, die Absprachen einfordert, Disziplin verlangt etc. Die Beziehung zwischen Theaterpädagog*in und Teilnehmenden verändert sich.

Diese Veränderung bedeutet nicht, dass Befindlichkeiten innerhalb der Gruppe nun keine Rolle mehr spielen. Tatsache ist aber, dass das Produkt nun einen größeren Fokus erhält als zu Beginn des Prozesses.

Eine offene Vorbereitung des Ensembles auf diese Phase und ein Transparentmachen der Rollenverschiebung seien daher angeraten. Ebenso ist es sehr hilfreich, Rituale und Regeln bereits so etabliert und stabilisiert zu haben, dass sich die Gruppe zu diesem Zeitpunkt eigenständig regulieren kann.

5. Schritt: Aufführung und Abschluss

Ganz am Ende des Prozesses stehen die Endproben (Aufführungsvorbereitung), die Aufführungen (soweit vorgesehen) sowie die Auswertung der gemeinsamen Arbeit (Abschied, Analyse).

Auch diesem Thema wollen wir einen eigenen Akt widmen.

In der Praxis werden Phasen und Schritte natürlich nicht immer strikt chronologisch durchlaufen. Manchmal springt der Prozess hin und her. Kann es jetzt vielleicht sinnvoll sein, wenn du noch einmal zurückgehst, um Teilnehmende nicht zu überfordern? Oder solltest du schneller vorangehen, um nicht zu unterfordern? Alles ist möglich. Auch hier handelt es sich wieder um einen Rahmen, einen Raum, in dem frei – jedoch nicht beliebig – je nach Situation gestaltet und (re-)agiert wird. Systeme sind und bleiben stets gestalt- und veränderbar.

Prozessverlauf	5 Arbeitsschritte Aufbau des Projektes, der Probe	5 Akte dramatischer Aufbau	Unterricht	Gruppendynamik	Aufgabe der Leitung
Entwurf vorbereiten	Ziel Inhalt Form	Exposition	Vorbereitung Planung	Leitung allein	didaktische Fragen zur Haltung Checkliste zum Projekt
Ereignis durchführen	Basis Allgemeines Kennen- und Vertrauenlernen Handwerk vermitteln Material sammeln Ausprobieren	Exposition Aufsteigende Handlung	Einstieg Hinführung (Ziel-, Problemstellung und -strukturierung) Neugier und Suchprozesse	Forming	Angebote machen: Geeignete Methoden zu didaktischen Fragen Lerngeschehen durch Impulse anregen Resonanz: Themen und Bedürfnisse der Gruppe ermitteln Konflikte wahrnehmen und thematisieren Motivation Regeln etablieren

	Vertiefung/ Spezielles	Höhepunkt Retardierung	Erarbeitung Weiterführung (Erarbeitung, Arbeitsphase)	Storming	Ausarbeiten: Rolle der Einzelnen; Ensemblebildung
	Auswählen/ Wiederholen/ Festlegen	(Auf-)Lösung	Festigung Sicherung Wiederholung	Norming	Thema, Besetzung, Texte festlegen
Ergebnis Präsentation Abschied Auswertung	Abschließen/ Zeigen	Ende	Abschluss Zusammen-fassung Übertragung Auswertung	Adjourning	

Arbeitsschritte/Modelle im Vergleich

Da du stets vom Allgemeinen zum Speziellen hin arbeitest, spiegeln sich die Schritte des großen Ganzen in der Struktur jeder einzelnen **Probenplanung** wider:

Du beginnst mit dem **Warm-up** als Exposition, Einstieg in die Probe. Übungen wärmen Körper und Geist an, machen durchlässig und bereit für nachfolgende Arbeiten. Alle können dabei bei sich selbst, in der Gruppe, im Raum ankommen (Selbst-, Fremd-, Raumwahrnehmung). Die Inhalte beziehen sich nach Möglichkeit bereits auf das Thema der Stunde, erleichtern so eine Übertragbarkeit auf späteres Text- und Szenenmaterial und machen den Spielenden den Nutzen und die Anbindung der Aufwärmübungen verständlich.

In der **Arbeitsphase** fokussierst du dich auf speziell ausgewählte Figuren, Texte, Szenen, erarbeitest und vertiefst diese. Ergebnisse dieser Probenarbeit werden zur **Festigung** präsentiert, reflektiert, wiederholt und verwertbares Material dokumentiert.

In der **Abschlussphase** wird Kritik und Befinden zur abgelaufenen Probe ausgetauscht, inhaltliche und organisatorische Fragen für das weitere Vorgehen geklärt und ein Abschiedsritual durchgeführt.

Regeln und Rituale für die Proben und den gesamten Prozess entwickelst du gemeinsam mit der Gruppe und etablierst sie im Verlauf des Projektes durch entsprechende Interventionen.

Im Probenverlauf wird der Rahmen, den die Arbeitsschritte formal vorgeben, nach und nach durch ein Bild gefüllt, d. h. die Inhalte des Projektes werden in gemeinsamer gestalterischer Arbeit inszeniert. Die Auswahl der Methoden, die dafür jeweils angemessen sind, obliegt dir als Theaterpädagog*in.

Inhalt, Form und Zeit

Bevor du mit einer Gruppe in einen theaterpädagogischen Prozess einsteigst, solltest du also für dich selbst wissen, wo dein Anfangspunkt ist und wo du genau hinwillst (Ziel). Das, was dazwischen passiert, ist dein persönlicher Gestaltungsraum. Und auch für diesen gilt es, vorweg grob Folgendes zu klären:

- Welcher Weg führt dich zu deinem Ziel? Welches Denken (Haltung, Philosophie), welches Handeln (Methodenauswahl)?
- Welche (Qualitäts-)Ansprüche legst du realistisch für diesen Prozess und das Produkt fest und wie kannst du ermessen, ob sie für dich erfüllt sind?
- Welchen Rahmen steckst du dir in Inhalt, Form und Zeit (für das Ganze im Allgemeinen, für einzelne Einheiten im Speziellen)? An welchen Modellen, Phasen kannst und willst du dich dabei orientieren?

Inhalte festlegen

Der Inhalt eines Projektes kann unserer Erfahrung nach gut in einer Überschrift festgehalten werden, die mehr oder weniger detailliert eine Marschroute für das kommende Ereignis entwerfen kann. Da Inhalt und Form einander bedingen, kann in dieser Projektüberschrift auch das geplante Genre, der mögliche Spielort, Größe der Gruppe, Alter und andere Voraussetzungen der Gruppe usw. festgehalten werden. Beispiel:

Du inszenierst eine Eigenproduktion zum Thema Geld. Genre ist die Revue. Spielort ist der Foyerbereich eines Bankgebäudes. Die Spielenden sind ca. zwanzig Jugendliche im Alter von fünfzehn bis achtzehn Jahren, die bereits Theatererfahrung haben. Du hast ein halbes Jahr Probezeit. Proben finden einmal in der Woche für zwei Zeitstunden statt.

Aus dieser Überschrift lassen sich konkrete Denkrichtungen und Handlungsmöglichkeiten für dich als Theaterpädagog*in ableiten:

- **Eigenproduktion** heißt: Szenen, Texte werden selbst entwickelt oder bearbeitet und zu einem eigenen Stück zusammengesetzt. Du brauchst also Spielimpulse, Textmaterial für die Proben. Du brauchst Methoden zur Improvisation und zum kreativen Schreiben. Kenntnisse in Dramaturgie …
- Das **Thema** ist festgelegt: Was weißt du bereits zum Thema „Geld"? Was musst du dir anlesen? Wo kannst du Material recherchieren? Was interessiert dich am Thema? …
- Das **Genre** steht fest: Wie funktioniert eine Revue? Kannst du Elemente wie Tanz, Gesang selbst anleiten oder brauchst du Unterstützung? Wie organisierst du kompetente Kolleg*innen? Wie finanzierst du das zusätzliche Personal? …

- Die **Zielgruppe** ist klar: Was weißt du über die Spielenden? In welcher Lebens- und Entwicklungsphase befinden sich Jugendliche in diesem Alter? Was könnte sie am Thema interessieren? Wo gibt es Bezüge zu deren Alltag? Wer kann was gut? Wer kann was nicht? Welche Methoden passen zur Gruppengröße? …
- Zum **Raum**: Welche Möglichkeiten hat der Raum? Welche Grenzen? Welchen eigenen Gesetzen folgt der Spielort? Wie ist die Akustik? Die Größe? Die Sichtlinien? Was ist da? Brauchst du zusätzliche Ausstattung? Wenn ja, wo bekommst du sie her? Wie teuer wird das und ist es im Etat? …
- Zum **Zeitrahmen**: Wie planst du die Zeit? Wie viel Zeit lässt du dir für welchen Arbeitsschritt, insgesamt, in jeder Probe?

Das gleiche Prozedere könntest du an einem beliebigen anderen Beispiel oder Thema durchführen und schon kämst du in ein anderes Feld von Bedingungen und zu anderen Fragen.

Ü

Projektüberschrift

Versuche es: Formuliere eine eigene Überschrift zu deinem nächsten Projekt und gehe die einzelnen Bedingungen, die in den Sätzen stecken, detailliert durch. Oder versuche, die Aufgabe an folgendem Beispiel durchzuspielen und vergleiche die entstandenen Bedingungen mit unserem obigen Beispiel.

Du inszenierst das Stück *Draußen vor der Tür* von Wolfgang Borchert. Genre ist das Sprechtheater/Schauspiel. Thema ist der Umgang mit Kriegserfahrungen. Spielort ist die Cafeteria des Seniorenheims. Die Teilnehmenden sind acht Menschen zwischen 70 und 85 Jahren, die vorher noch nie auf der Bühne gestanden haben. Du hast ein Jahr Probezeit. Proben finden einmal in der Woche für maximal 90 Minuten statt.

EXKURS: Didaktische Reduktion

Inhalte für deine theaterpädagogische Arbeit können mithilfe der didaktischen Reduktion vereinfacht, reduziert, fokussiert und so für alle Beteiligten überschaubar gemacht werden.

Die *quantitative Reduktion* (vertikal) wird durchgeführt, wenn der Gegenstandsbereich zu komplex ist und somit einzelne Aspekte, thematische Schwerpunkte beispielhaft vermittelt werden.

Die *qualitative Reduktion* (horizontal) hält die fachlich komplexen Bezüge aufrecht, erleichtert aber den Zugang, indem die Sachverhalte beispielhaft durchexerziert werden.

Machen wir das an einem Beispiel deutlich. Die Lernzielvermittlung sieht vor, den Teilnehmenden einen Zugang zum Gesamtkunstwerk Theater zu vermitteln. Ein wirklich weites Feld. Wir gehen davon aus, dass nun sowohl das Theater als Ort (Spielstätten), Berufsfelder am Theater, das Drama (Theaterstücke, ihr Inhalt und Aufbau), das Theater in Theorie und Praxis Lehrgegenstand sein könnten (s. Tabelle). In der vertikalen Reduktion würdest du dir vielleicht die Theaterberufe als Thema herausgreifen und sie mit geeigneten Methoden vermitteln (Planspiel, Vortrag, Theaterführung). In der horizontalen Reduktion würdest du am Beispiel einer Tanztheateraufführung auf der Studiobühne zeigen, wie Inhalte von *Die Möwe* mit Ansätzen von Grotowski umgesetzt werden und welche Aufgabe und Relevanz dabei die Maskenbildnerei einnimmt. Du spiegelst also den komplexen fachlichen Kontext anhand eines Beispiels. Auch dafür müssten entsprechende Formen gefunden werden.

Didaktische Reduktion

Beispiel: Lernzielvermittlung Theater

Theaterspielstätten	**Theaterberufe**	Theaterstücke	Theaterhandwerk in der Praxis	Theatertheorie
Opernhaus	**Indendant*in**	Romeo und Julia	Improvisation	Stanislawski
Schauspielhaus	**Schauspieler*in**	DIE MÖWE	Play-Back-Theater	Brecht
Freilichtbühne	**MASKENBILDNER*IN**	Leonce und Lena	Forumtheater	Meyerhold
STUDIOBÜHNE	**Beleuchter*in**	Der Geizige	TANZTHEATER	GROTOWSKI

Beispiele für die Möglichkeiten von didaktischer Reduktion (fett = quantitative vertikale Reduktion; Versalien = qualitative horizontale Reduktion)

Formen finden

Die Dramaturgie der Inszenierung und der Aufbau des Probenprozesses werden im Rahmen einer sinnvollen Disposition miteinander vereinbart. Das heißt in der Praxis, dass der dramatische Aufbau des Stückes, die Erzählschritte der Handlung sich in den thematischen Schwerpunkten der Arbeitsschritte des theaterpädagogischen Prozesses und ganz konkret in deiner Probenplanung widerspiegeln.

Arbeitsschritt	Dramaturgie/Thema	Probenplanung
Du befindest dich im Gesamtprozess im Arbeitsschritt „Einstieg“. Du bist also am Beginn des Projektes. Die Teilnehmenden kennen einander bereits, haben erste handwerkliche Grundlagen vermittelt bekommen, sind aber noch ein wenig scheu in der Umsetzung, brauchen konkrete Impulse.	Du wählst eine Ensembleszene, welche sich dramaturgisch gesehen bereits am Ende des Stückes befindet, da sie sich inhaltlich hervorragend eignet, die nötigen Impulse zu setzen, um durch eine chorische Arbeit den Mut zum gemeinsamen Spiel zu fördern.	Welche Methoden planst du nun, um Menschen und Sache angemessen zu begleiten? Wie baust du die Übungen aufeinander auf, um die scheueren Spielenden langsam heranzuführen? Wie viel Zeit planst du für die Übung ein? Welche Alternative gibt es, wenn sich dein Plan nicht so einlöst, wie du denkst? Wie könntest du bei Unter- oder Überforderung des Ensembles intervenieren? Wie machst du deine Entscheidung für diesen Arbeitsschritt den Teilnehmenden transparent und verständlich? …

Zeitmanagement – den Probenprozess disponieren

Die zeitliche Planung eines Projektes führt ebenso von der langfristigen, groben Übersicht hin zur mittelfristigen Planung, die festlegt, wie viele Tage, Wochen du für welchen Arbeitsschritt im Prozess investieren möchtest, bis zur Tagesplanung einer einzelnen Probeneinheit.

<table>
<tr><th>Langfristige Gesamtplanung</th><th>Mittelfristige Arbeitsplanung</th><th>Kurzfristige Tagesplanung</th></tr>
<tr><td>Du nimmst dir drei Monate Zeit für das gesamte Projekt.
Nach dieser Zeit soll eine Präsentation stattfinden.</td><td>Du nimmst dir zwei Wochen Zeit für den Einstieg, danach willst du in die Erarbeitung von Szenen übergehen.</td><td>Du planst eine zweistündige Probe pro Woche.</td></tr>
<tr><td rowspan="7">1. Monat
Einstieg/Vertiefung</td><td rowspan="4">1. Woche
Kennenlernen</td><td>1. Probe:
Namensspiele (15 Min.)
…</td></tr>
<tr><td>2. Probe</td></tr>
<tr><td>3. Probe</td></tr>
<tr><td>4. Probe</td></tr>
<tr><td>2. Woche</td><td>…</td></tr>
<tr><td>3. Woche</td><td></td></tr>
<tr><td>4. Woche</td><td></td></tr>
</table>

2. Monat Vertiefung/Sicherung		
3. Monat Abschluss		

Flexibler Plan

Pläne sollen Orientierung geben und nicht fixieren oder einengen. Einen Plan umzusetzen und zu erleben, „wie er aufgeht", kann dich als Theaterpädagog*in vielleicht sehr zufrieden machen. Dennoch sollte der Plan nicht zum Maß aller Dinge werden. Insbesondere überraschende Wendungen, verbunden mit Aha-Effekten, können einen Plan umstoßen – und doch sind sie Ausdruck von erfolgreichem Lernen, vielleicht sogar in die geplante Richtung.
Um übersichtlich zu planen und auch für Überraschungen offen zu sein, hilft es, sich nur die Planungstabelle auf ein großes Blatt zu zeichnen, die jeweiligen Planungselemente (Ideen, Themen, Übungen) jeweils auf einzelne, vielleicht sogar farblich unterschiedlich gekennzeichnete, Zettel zu schreiben, die dann innerhalb der Tabelle frei hin und her zu schieben sind. So lassen sich immer wieder neue Chronologien und Bezüge herstellen und visualisieren, Dinge problemlos ergänzen.

Angemessenheit der Methoden für Menschen und Sache

Es geht doch immer wieder darum,
den Ball ins Tor zu bekommen.
Teilnehmerin einer Theaterpädagogik-Weiterbildung

Übungen allein sind nicht die Theaterpädagogik

In vielen theaterpädagogischen Ausbildungen und Fachbüchern bekommen die Methoden einen deutlich größeren Fokus als die Didaktik. Oft haben wir Studierende erlebt, die in der Aufbaubildung Theaterpädagogik ein riesiges Repertoire an Übungen zur Hand bekommen hatten, jedoch damit überfordert waren, diese auf unterschiedliche thematische oder zielgruppenspezifische Anforderungen zu übertragen und entsprechend zu nutzen. Oft haben wir Theaterlehrer*innen erlebt, die über das Warm-up nicht hinaus gekommen sind, weil sie nicht wussten, wie sie die einzelnen Aspekte der Übungen für eine vertiefende Arbeit an einem Stück vernetzen und aufeinander aufbauen konnten. Oft haben wir Berufsanfänger*innen erlebt, die sich eine schöne Übung aus einem Buch herausgesucht hatten, sie aber nicht anleiten konnten, weil sie sich die Methode nicht zu eigen gemacht hatten.

Die Methoden allein sind eben nicht die Theaterpädagogik. Sie sind „nur" so etwas wie ein Transportmittel, um die Sache zu Lernenden und die Lernenden zur Sache zu bringen. Sie sind die Hilfsmittel, die eine intensive Auseinandersetzung mit Formen und Inhalten (hier des Theaters) anregen. Welche der erlernten Methoden allerdings in welchem Fall die angemessene ist, das ist die wesentliche, didaktische Frage:

- Welche Methoden befördern dein Ziel?
- Welche Methoden vermitteln deine Inhalte?
- Welche Methoden sind für die Lerngruppe, das Ensemble, die Zielgruppe zum jeweiligen Zeitpunkt angemessen?
- Welche Methoden liegen dir selbst, hast du verstanden, kannst du gut anleiten?

So banal es also klingen mag, und wir wiederholen es gerne immer wieder:

- Deine Ziele und Inhalte sind untrennbar mit den zu wählenden Methoden und Interventionen verbunden. Die Methode sollte es schaffen, einen guten Möglichkeitsraum mit besten Wachstumsbedingungen für die Begegnung zwischen Mensch und Sache zu unterstützen.
- Du solltest dein Übungs- und Methodenrepertoire daher wohlbedacht und vielfältig einsetzen.
- Methoden sollten nicht verabsolutiert werden! Methoden sollten von der jeweiligen Projektleitung beherrscht und authentisch angeleitet werden können.

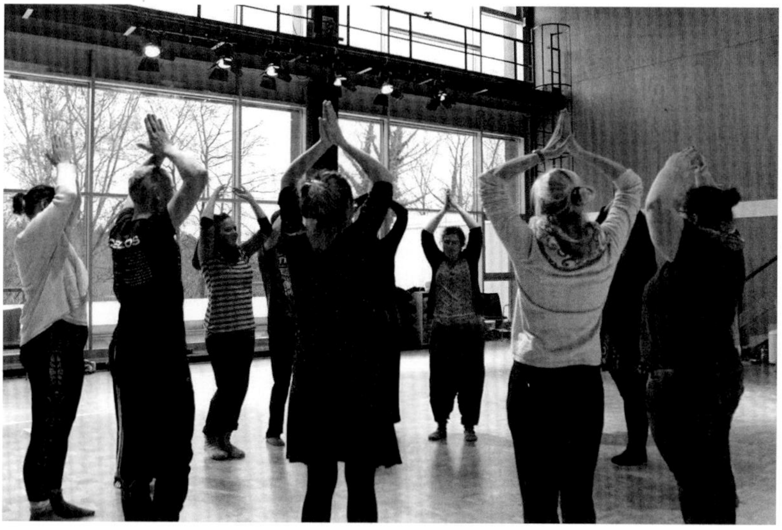

Mithilfe einer Methode können viele verschiedene Ziele erreicht werden.

Eine Methode – Verschiedene Ziele/Ein Ziel – vielfältige Methoden

> „Es gibt etwa zehn Grundspiele auf der Welt und dazu unendlich viele Varianten und Kombinationen." Dale N. Le Fevre

Die Theaterpädagogin Jessica Höhn beschreibt in ihrem Buch, wie theaterpädagogische Standards, etwa der Raumlauf, der Impulskreis oder das Standbild, in der Arbeit mit unterschiedlichen Zielgruppen angemessen angewendet werden können (Höhn 2015, S. 70ff.). Auch wir hatten unseren Teilnehmenden in der Weiterbildung eine ähnliche Aufgabe gestellt, um die Übertragbarkeit von Spielmaterial und Methoden auf unterschiedlichste Kontexte zu demonstrieren. Aufgabe war für eine Hälfte der Gruppe, die gleiche Methode (hier der Impulskreis) für verschiedene, selbst formulierte Zielsetzungen zu nutzen. Die andere Hälfte bekam dagegen das gleiche Ziel gestellt (Gewaltprävention) und sollte eine dafür angemessene Methode finden und anleiten. In beiden Fällen sollte bewusst über die zugrunde gelegte didaktische Haltung nachgedacht werden und eine Stunde geplant werden, die, frei nach dem Motto „Scheiter heiter", das größtmögliche Maß an Herausforderung für die Theaterpädagog*in darstellte. Die Stunden wurden mithilfe der didaktischen Planungstabelle (s.u.) geplant und anschließend durchgeführt. Das Ereignis wurde beobachtet und im Anschluss mithilfe dieser Beobachtungen gespiegelt und reflektiert.
Der Impulskreis (mit seinen unzähligen Variationsmöglichkeiten) beispielsweise kann so jenseits einer konzentrationsfördernden Übung zu einer Vorbereitung werden für:

- Figurenentwicklung
- Körperausdruck
- Stimmbildung
- Subtext-Entwicklung
- Gruppenkohäsion
- Namen lernen
- ...

Eine Teilnehmende nutzte den Impulskreis beispielsweise dazu, zum Thema Superheld*innen Figuren zu entwickeln. Ihr Ziel war dabei, die Figuren möglichst schnell aus der Klischeezone zu befreien: „Schickt nacheinander eine erfundene oder echte Superheld*in mit einer Bewegung und einem Laut/Geräusch durch den Kreis. Dann zeigt eure Superheld*in im genauen Gegenteil von Bewegung und Laut/Geräusch und schickt sie wieder durch den Kreis. Und jetzt vermischt die beiden Qualitäten." Hierdurch wurden wunderbar komplexe Figuren angelegt, die jenseits von Klischees in Windeseile eine große Tiefe und Mehrdimensionalität entwickelten.

Eine andere Teilnehmende wollte den Impulskreis dazu nutzen, ihre bewegungsunfreudige Gruppe (14- und 15-jährige Mädchen) zu lustvollen Bewegungen zu verführen: „Stellt euch vor, ihr postet Fotos in einem sozialen Netzwerk, z.B. bei Facebook oder Instagram. Ihr müsst bei jedem Bild mit mindestens einem Körperteil Kontakt zu dem Kissen, das vor euch auf dem Boden liegt, haben. Nacheinander nennt eine von euch eine Situation, zählt bis drei, und alle springen ins Bild und frieren ein."
Die benannten Situationen der Gruppe führten zu wilden und ausdrucksstarken Bildern, z.B. Kifferparty, Surfen in Malibu, Shopping-Schnapper etc. Die Vorgabe, die Bilder immer im Kontakt mit dem Kissen (der auch ein anderer beliebiger Gegenstand sein kann) zu erstellen, führten dazu, dass die Spielerinnen, sehr häufig die verschiedenen Raumebenen mit einbezogen haben und sich auch zu alltagsfernen Posen hinreißen ließen. Probiere es selbst aus!

Didaktische Planungstabelle

Die folgende didaktische Planungstabelle ist möglicherweise hilfreich für deine Projektplanung. Sie ist aufgebaut auf der Grundfrage: Wer (Spielleitung/Theaterpädag*in, TP) lehrt wen (Teilnehmende, TN), was, (Inhalte) wozu (Ziele), wie (Methoden), womit (Medien), wann und wo, wie lang (Rahmenbedingungen) mit welchem Erfolg (Evaluation)?

Wer? Ressourcen, Profil, Haltung der TP	
Wen? Wer ist die Zielgruppe? Wie setzen sich die TN zusammen, was können sie (noch nicht)?	
Was? Didaktik Was sind deine Inhalte?	
Wozu? Deine Zielsetzungen	
Wie? Wohin? Mit welchen Methoden erreichst du dein Ziel – wie willst du deine Inhalte vermitteln?	
Womit? Nutzt du Medien, Material? Wenn ja, wie? Was musst du vorbereiten?	

Wann? Wo? Wie lang? Zeit und Ort? Wie ist der Raum beschaffen und wie stellst du dich darauf ein? Wie viel Zeit brauchst/hast du für was?	
Mit welchem Erfolg? Was wäre ein Erfolg? Woran erkennst du, dass dieses Ziel erreicht ist?	

Beobachtungsbogen

Beobachtungen dienen der Ergebnissicherung. Sie schulen den Blick der Teilnehmenden und heben die bewusst reflektierten und zurückgemeldeten Erfahrungen auf die Metaebene. So können Erkenntnisse auf eine nächste Situation übertragen werden.

ZU BEOBACHTEN	NOTIZEN
äußere Haltung: Körper, Mimik, Gestik, Art zu Sprechen ... Was fällt auf? Was drückt sie aus? Wie?	
innere Haltung: Wird eine persönliche Handschrift/eine Philosophie im Anleiten deutlich? Wodurch?	
Methoden: Welche Methoden werden angewendet? Was funktioniert gut? Wo sind Stolpersteine? Was könnte stattdessen anders bzw. auch noch gemacht werden?	
Ziele: Welche Ziele sollten erreicht werden? Was hat funktioniert? Wie? Was nicht? Warum?	

Übertragbarkeit – hilfreich ist es, ...

... die Zielgruppe gut zu kennen und ihre Bedürfnisse und Möglichkeiten im Blick zu behalten.
... nicht zu viel zu wollen. Weniger ist mehr.
... die Zeit gut einzuteilen. Ein gutes Zeitmanagement hilft.

... die Spielregeln für dich selbst klar zu haben, um sie klar zu etablieren.
... Inhalte deutlich aufeinander aufzubauen, eine Verbindung zum Ganzen zu schaffen mit Blick auf das Ziel (Dramaturgie).
... die eigenen und die Ressourcen der Teilnehmenden zu nutzen.
... Unsicherheiten transparent zu machen.
... die Impulse, die von der Gruppe kommen, einzubeziehen und Variationen möglich zu machen.
... konkrete Ansagen zu machen. Das gibt Sicherheit.
... vom Allgemeinen zum Konkreten zu gehen.
... eine Balance von Chaos und Ordnung zu schaffen, von Leiten und Gewähren: so viel Kontrolle wie nötig, so viel Freiheit wie möglich. Dafür brauchst du eine Achtsamkeit für die Sache und die Menschen.
... auf Formulierungen zu achten. Worte machen (theatrale) Wirklichkeit. Auch diese Annahme stützt unsere Hinwendung zum systemischen, zur Konstruktion. Wenn unsere Wahrnehmung subjektive Konstruktion ist, interpretieren wir diese auch subjektiv und drücken das konkret in unserer Sprache und in unserem Handeln aus. Positive, motivierende Verstärkung wird also eher positiv wahrgenommen. Prozesse wie Wahrnehmen, Erkennen, Denken und Schlussfolgern hängen also zusammen und können positiv und negativ verstärkt werden (Kognition). Grundlegend für die elementare Funktion von Kognition ist die Sichtweise des Menschen als ganzheitliches bio-psycho-soziales System.

Bei der Durchführung auf die Anderen achten – Regeln, Verträge, Rituale, Interventionen

Bei der Durchführung eines Projektes jonglierst du mit den unterschiedlichsten Bedürfnissen und Erwartungshaltungen, die an dich gestellt werden. Diese bewusst zu haben und ihnen achtsam zu begegnen, ist bereits die halbe Miete zum Gelingen der gemeinsamen Arbeit. So kannst du entscheiden, welche Herausforderungen du annimmst, welche Erwartungen du erfüllen kannst und willst und wo du dich entschieden abgrenzen möchtest.

Im Folgenden wollen wir an jeweils zwei Beispielen klar machen, wie es aussehen kann, wenn Bedürfnisse und Erwartungen von unterschiedlichen Seiten an dich als Theaterpädagog*in herangetragen werden und du dir entsprechend überlegen musst, WIE du angemessen reagierst und handelst. Wir gehen davon aus, dass die Maßnahmen und Methoden stets auf die Situation übertragen werden und nicht umgekehrt:

Bedürfnisse und Erwartungen	Theater+Pädagogische Maßnahmen	Mögliche Haltung der Theaterpädagog*in
ES Beispiel 1: Raum Es stellt sich heraus, dass die Akustik des Aufführungsraumes extrem schlecht ist	Konzept variieren, z.B. ersetzt Körperarbeit Sprache Artikulationsarbeit als Fokus Stimmen vom Band Unterstützung durch Headsets Raum abdämmen Neuen Raum suchen	**ICH** Was will ich künstlerisch vertreten? Was kann ich zahlen? Wie viel Zeit habe ich? Traue ich mir zu, Stimmtraining anzuleiten?
Beispiel 2: Text Es ist ein Umgang mit nichtalltäglicher Kunstsprache gefordert	Paraphrasieren üben Verstehen vor Sprechen Handeln vor Sprechen Übungen zu Sprachduktus und -rhythmus	
WIR Beispiel 1: Sicherheit in der Darstellung erlangen	Gruppe teilen und Zuschauerperspektive einnehmen lernen Feedback-Regeln anwenden üben Verschiedene ästhetische Mittel ausprobieren	Welche Übungen leite ich gut an? Welche ästhetischen Mittel helfen, unsere Aussage zu transportieren?
Beispiel 2: Reflexion von Gruppenprozess	„Störungen" haben Vorrang! Moderieren eines Konfliktgesprächs Entscheidung für die Gruppe treffen Ich-Botschaften etablieren	Du bist nicht für die Lösung zuständig, sondern dafür, einen Rahmen für einen Prozess der Klärung anzubieten.
GLOBE Beispiel 1: Eltern möchten eine TN wegen Urlaubsplanung aus den Endproben nehmen	Spielenden-Verträge machen, auf die du dich berufen kannst Elterngespräch führen Gruppe mit entscheiden lassen, was passieren soll Andere Termine ermöglichen Ausschluss der TN aus der Gruppe Künstlerische Möglichkeiten durchspielen: Um-/Doppelbesetzung, Szenen streichen, Videoaufzeichnung einspielen	Was möchte und kann ich für mich verantworten? Wie sichere ich mich in der Planung ab?

Beispiel 2: Spielende auf Publikumsreaktion vorbereiten	Im Probenprozess das Publikum mitdenken: Was ist zumut-, aushaltbar? Wie kann ich an meiner Szene dranbleiben trotz Ablenkung? Kritik annehmen und aushalten Lernen durch Feedback-Regeln Publikumsgespräche simulieren Sich unabhängig machen von Publikumsreaktionen Nach der Vorstellung die Nähe von wohlwollenden Menschen suchen Sicherheit durch Handwerk	Welche Erfahrungen kann ich weitergeben?

Es sind nicht die Dinge, die uns beunruhigen,
sondern die Bedeutungen, die wir ihnen geben.
Epiktet

Ü

Der Scheiterhaufen – Worst-Case-Szenarien durchspielen

Natürlich kannst du als Theaterpädagog*in nicht alle Erwartungen befriedigen. Du musst und kannst nicht alles können. Du kannst nicht immer alles im Blick haben. So entstehen in jedem Prozess auch Situationen, in denen du das Gefühl bekommst, du verlierst dich, die Teilnehmenden oder das Ziel aus den Augen, alles scheint ein Chaos zu sein und das Produkt in der Katastrophe zu enden. Diese „Worst-Case-Szenarien" haben wir einmal bewusst ins Blickfeld genommen, um zu demonstrieren, dass auch sie beherrschbar bleiben können und mit angemessenen Interventionen konstruktives Potenzial in sich bergen. Ganz nach dem Motto: „Scheiter heiter" oder „Es gibt keine Probleme, nur Lösungen."

Aufgabe ist es hier, eine dieser möglichen Szenarien – egal, ob eine Befürchtung oder ein tatsächlich erlebtes Ereignis – so detailliert wie möglich in deiner Vorstellung zu visualisieren. Hilfreich kann eine vorgegebene Geschichtendramaturgie sein:

Es war einmal …
Jeden Tag …
Bis eines Tages …
Aufgrund der Tatsache, dass …
Bis schließlich …
Seit diesem Tag…

Jedes Detail der Geschichte ist wesentlich. Alle Vorkommnisse sollen so genau wie möglich vor dem inneren Auge abgespult werden, sinnliche Eindrücke erinnert, eigene Stimmungen nachvollzogen werden. Danach wird dem Szenarium eine Überschrift gegeben und diese auf einem Zettel notiert. Alle Zettel werden im Raum ausgelegt und die Gruppe wählt zwei verschiedene Szenarien aus, an denen Methoden zur Bearbeitung der Fälle ausprobiert werden.

Reflecting-Team/Reframing

In unserer Praxis haben wir gute Erfahrungen gemacht mit den Methoden des Reflecting-Team und des Reframing.

Reflecting-Team: Ein Reflecting-Team ist ein Setting der kollegialen Beratung, hervorgegangen aus einer familientherapeutischen Interventionsform. Dazu sitzt ein kollegiales Team zusammen, etwas abgewandt von der Person mit dem Beratungsanliegen und trägt gemeinsam in assoziativem, laut denkendem Stil Eindrücke, Hypothesen oder Lösungsrichtungen zusammen. Dies geschieht ohne Diskussion oder Überzeugungsabsicht, mit dem Effekt, dass für die zu beratende Person die Denk- und Handlungsmöglichkeiten zunächst erweitert werden, und sie die subjektiv beste Lösungsrichtung auswählen kann. Die Form kann mehrmals hintereinander mit unterschiedlichem Fokus wiederholt werden.

Eine theatrale Variation vom Reflecting-Team besteht in der Methode, die wir König*in und Volk nennen: Eine Szenarium wird von der Falleinbringenden, die zur König*in wird, geschildert. Dann wird der König*in ein Thron hergerichtet und sie bekommt je nach Gruppengröße eine Chronist*in zur Seite gestellt, die alle Ideen schriftlich festhält. Dann werden die anderen Gruppenteilnehmenden zum Volk, das im Schlosshof umherwandelt. Im Gehen sprechen alle in äußerst wertschätzender Form Hypothesen, Ideen und Lösungsmöglichkeiten aus, die ihnen in den Sinn kommen. Dabei wird nicht diskutiert und die König*in sitzt und lauscht. Das Volk tut so, als sei die König*in nicht anwesend, damit diese nicht in Rechtfertigungs- oder Begründungsnot kommt. Sie darf der Chronist*in signalisieren, wenn eine Idee besonders hilfreich ist. Sollte das Volk seine Gedanken in eine von der König*in nicht gewünschten Richtung lenken, darf sie eingreifen. Sollten jemandem aus dem Volk die Ideen ausgehen, darf die Person sich setzen. Wenn alle sitzen, darf die König*in Rückmeldung über die hilfreichsten und inspirierendsten Ideen geben.

Reframing: Reframing bedeutet die Neuausrichtung eines inneren mentalen Rahmens (engl. „frame") zu einem bestimmten Realitätsausschnitt. Dies kann durch eine bewusste Umdeutung in Form einer sprachlichen Umformulierung unterstützt werden. Hierfür kann man zwei Reframing-Arten unterscheiden: Beim Bedeutungs-Reframing bleibt der Kontext eines Sachverhalts unverändert, wird jedoch durch eine „Umetikettierung", d.h. eine emotional anders gefärbte Wortwahl neu interpretiert. Beim Kontext-Reframing wird der Zusammenhang oder das Umfeld einer Aussage uminterpretiert, um den Sachverhalt im Zusammenhang sinnvoll erscheinen zu lassen.

Beim Reframing kann es nützlich sein, diese Art der Bedeutungsgebung mit allen aus der Gruppe an einem Beispiel zu üben, bevor an einem konkreten Anliegen gearbeitet wird.

Beispiel: Tim stört durch Reinquatschen und Kommentierungen ständig den Ablauf einer Einheit.

Bedeutungsreframing:
Tim hat viele Ideen.
Tim hat eine eigene Haltung und traut sich, diese zu äußern.
Tim traut unserer Beziehung und probiert sich aus.
Tim scheut keine Konflikte.
Tim hat bessere Ideen als ich.
Tim ist mutig – er nimmt in Kauf, dass ich ungeduldig mit ihm werde.
Tim setzt Prioritäten – seine Meinung zu äußern, ist ihm wichtiger, als zu verhindern, dass ich genervt bin.
...

Kontextreframing:
Tim könnte wunderbar auf dem Hamburger Fischmarkt arbeiten.
Tim würde im Nationalsozialismus niemals ein Mitläufer sein.
Tim wäre ein großartiger Politiker.

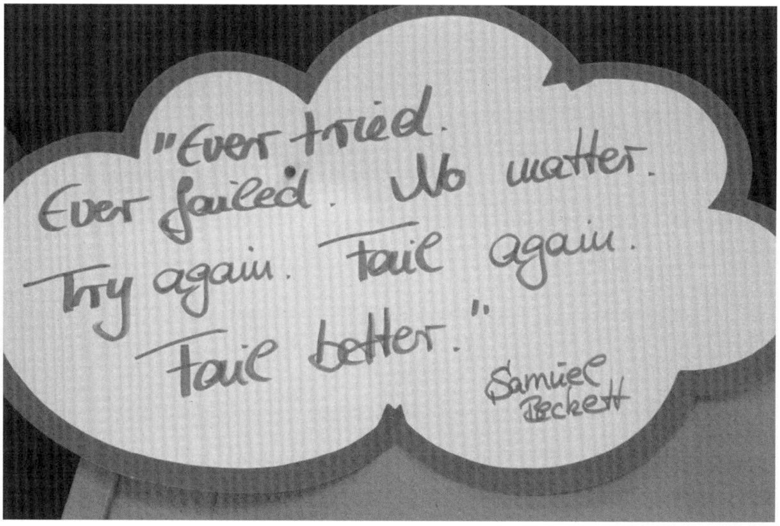

Scheiter heiter – Scheitern ist eine Strategie der Theaterpädagogik.

Selbstsorge – bei der Durchführung auf dich selbst achten

Sollte es zu einem Druckabfall kommen,
ziehen Sie eine Maske schnell zu sich heran
und platzieren diese fest auf Mund und Nase.
Erst danach helfen Sie Kindern und hilfsbedürftigen Personen.
Durchsage der Flugbegleitung

Als Theaterpädagog*in musst du in deiner Funktion und auch als Mensch verdammt viel beachten. Bezogen auf die Balance zwischen den didaktischen Elementen des ICH, WIR, ES und GLOBE sind das u. a.:

- Eine eigene theaterpädagogische Haltung entwickeln und klar vertreten.
- Ziele formulieren, Inhalte definieren und in angemessenen Methoden vermittelbar machen.
- Regeln, Rituale und Strukturen für den Arbeitsprozess zur Verfügung stellen und auf deren Einhaltung achten.
- Die Teilnehmenden akzeptieren, begleiten, fördern, fordern, in die Gestaltung einbeziehen.
- Störungen, Widerstände, Worst-Case-Szenarien auffangen und angemessen intervenieren.
- Vertrauen und Wertschätzung untereinander fördern und aus vielen Einzelnen eine Gruppe, ein Ensemble entstehen und wachsen lassen.
- Die gruppendynamischen Phasen (neben den künstlerischen Arbeitsschritten) im Blick haben und darauf angemessen eingehen.
- In Resonanz mit den Spielenden sein, nach Möglichkeit dabei Erwartungen und Bedürfnisse von innen und außen wahrnehmen und klar Stellung beziehen, um diese zu erfüllen oder abzulehnen.
- Gut aus-, fort- und weitergebildet sein und über fundierte Kenntnisse des Mediums und Fachkompetenzen verfügen, wie z. B.:
- *Methodenwissen:* Welche ästhetischen Mittel erzeugen welche Stimmungen, Spannungen, Zustände, sowohl auf der Bühne als auch bei den Spieler*innen?
- *Dramaturgisches Wissen:* Wie erzeugst du eine spannende Handlung und psychologisch nachvollziehbare Entwicklungen von Figuren?
- *Literarisches Wissen:* Welche literarischen Vorlagen behandeln welche Themen?
- *Theatertheoretisches Wissen:* Welche Strömungen innerhalb der Theaters gibt es? Wer sind die führenden Vertreter*innen?

Aber es gibt dich ja auch noch als Mensch. Und dieses ICH kennt ebenfalls Stimmungen, Bedürfnisse und Grenzen. Es ist also auch entscheidend, dich selbst gut zu pflegen und deine individuellen Grenzen zu kennen und klar zu setzen.

Um genug inneren und äußeren Abstand zum Projekt, seinen Themen und Beziehungsstrukturen zu bekommen, ist eine gute Selbstfürsorge von entscheidender Bedeutung. Diese beginnt damit, dass eigene Lebensgrundbedürfnisse nicht zugunsten der Arbeit vernachlässigt werden: genügend Schlaf, regelmäßige, gesunde Ernährung, soziale Kontakte außerhalb der Arbeit, positive Erlebnisse und Anerkennung im privaten Umfeld, genug Raum für die eigene Entfaltung, Gefühle von Sicherheit, Liebe und Selbstachtung (auch und gerade dann, wenn mal etwas scheitert oder nicht so funktioniert).

Und um im wahrsten Sinne des Wortes den Überblick über das (berufliche) Handeln zu bewahren und das Arbeiten im komplexen System aus Beziehungen, Rollen, Themen etc. zu reflektieren und zu verbessern, ist es ratsam, in regelmäßigen Abständen, zumindest aber bei akutem Bedarf, Supervision oder kollegiale Beratung in Anspruch zu nehmen.

Notfallkiste

Mach dir eine kleine Kiste, die du mit Sinnsprüchen, Telefonnummern von Kolleg*innen oder Freund*innen, Handlungsaufforderungen, Requisiten, Postkarten, Bildern etc. füllst, die dir in Notsituationen Ideen liefert, wie du für dich selbst gut sorgen kannst. Dann kannst du immer, wenn du dich ausgebrannt fühlst, meinst, auf der Stelle zu treten, wütend, erschöpft, leer bist, einen Zettel oder Gegenstand aus der Kiste nehmen und dich davon positiv inspirieren lassen. Diese Fragen können dich dabei leiten:

Was bringt dich in Kontakt mit dir?
Was bringt dich in einen FLOW-Zustand?
Was macht dir Freude?
Was hilft dir, im Moment zu sein?
Was kannst du gut?

Rituale zum Nähren

Um nährenden Ritualen praktisch auf die Spur zu kommen, kannst du eine Liste anfertigen, auf der du alle Tätigkeiten notierst, die du an einem gewöhnlichen, durchschnittlichen Arbeitstag erledigst, inklusive aufstehen, Zähneputzen, Kaffee kochen, Tisch decken … Du wirst erstaunt sein, wie lang die Liste ist.

Danach setzt du ein „n" hinter alle Tätigkeiten, die dich „nähren", ein „z" hinter alle, die du als „zehrend" empfindest. Wenn du glaubst, nicht eindeutig einen der beiden Buchstaben zuordnen zu können, machst du ein „n/z". Wenn du jedoch ehrlich mit dir bist, gibt es meist zu allen Tätigkeiten eine eindeutige Tendenz.
Manchmal wird das Hobby, welches du dir eigentlich zum nährenden Ausgleich angeschafft hast, zum zehrenden Stressverstärker („Jetzt muss ich mich schon wieder beeilen, um zum Yoga zu kommen."). Manchmal hat eine Tätigkeit, die du anfangs als zehrend eingestuft hast, auf einmal viel nährende Kraft („Ich freue mich jedes Mal auf das Seminar und seine Teilnehmenden").
Am Ende kannst du zum einen schauen, ob „pleasure" (geschaffene Freude, Nährendes) und „mastery" (verpflichtende Herausforderungen, Zehrendes) ein gutes Gleichgewicht haben. Wenn nicht, solltest du daran etwas ändern. Ein Ausgleich beider „Pole" schafft Stabilität. Zum anderen kannst du nährende Dinge ausmachen und sie in deinen Notfallkoffer aufnehmen (Meibert 2014).

Rettung in letzter Not: Vier Fragen

Pädagog*innen haben oft das „Helfenden-Gen" in sich und begeben sich gerne in die Rettenden-Rolle (s. Dramadreieck). Dann kümmern sie sich zu viel und gehen dabei über die eigenen Grenzen.

Wie oft wünschst du dir in solchen Zeiten, in denen du dich überfordert und erschöpft fühlst, dass eine Rettende in goldener Rüstung erscheinen möge, um dich vor dir selbst zu schützen, um dich aus der Situation zu retten? Wir haben eine gute Nachricht: Hier ist sie. In Form von vier elementaren Fragen, die du dir stellen kannst, wenn du das Gefühl hast, in einem Entscheidungsprozess bezüglich der MENSCHEN oder der SACHE nicht weiter zu wissen.

Stelle dir also folgende vier Fragen und beantworte sie spontan und ehrlich mit Ja oder Nein. (Ver-)Traue dabei deinem ersten Impuls.

1. Bist du **verantwortlich**?
2. Bist du fähig dazu, also **kompetent**?
3. Hast du **Lust**, zu helfen?
4. Bist du **explizit** dazu aufgefordert worden?

Bei vier Antworten mit Ja mach sofort weiter oder starte durch. Bei einer Antwort mit Nein, beginne nachzudenken, bevor du etwas tust. Wenn du nur zwei Fragen mit Nein beantworten kannst, lass es bleiben (Steiner 2015). Und denke immer daran: Müßiggang und Melancholie waren zu jeder Zeit kreative Kräfte für Transformation und künstlerische Gestaltung.

Didaktische Überlegungen für die Performing-Phase

Du kannst es dir erlauben, nun deinen Regiehut aufzusetzen.
Theater ist hier kein demokratischer Prozess mehr – stattdessen korrigiert die Spielleitung und sagt an.
Gleichzeitig gibst du noch mehr Verantwortung an die Gruppe ab (s.o.).
„Kill your darlings": Jetzt ist der Zeitpunkt, noch Texte und Szenen rauszuschmeißen, die im Ablauf nicht funktionieren.

Hypothesen zur Performing-Phase

- Die Gruppenkohäsion ist hoch.
- Deine Herausforderungen an die Gruppe können gesteigert sein.
- Es gibt eine große Frustrations- und Stresstoleranz.
- Die Gruppe kann sich selbst regulieren.
- Pädagogische und organisatorische Aufgaben können vermehrt der Gruppe überlassen werden, z.B. Konfliktmanagement, Verantwortung für Szenen, Requisiten, Kostüme etc.
- Das Erreichen des gemeinsamen Ziels steht im Vordergrund.
- Bedürfnisse der einzelnen Teilnehmenden haben nicht mehr so großen Raum und werden dem Ganzen untergeordnet.
- Du bist eher produkt- als prozessorientiert.
- Das Ensemble besteht und arbeitet kooperativ miteinander.

Didaktisch-methodische Prinzipien, die hilfreich sein können

- Die Gruppe bestimmt häufiger, welche Übungen für sie hilfreich sind.
- Gleichzeitig werden Rituale verstärkt, z.B. Motivation vor Vorstellung, Abschlussritual etc.
- Die Ensemblemitglieder bekommen Zeit und Raum, um sich eigenständig vorzubereiten, z.B. Text abfragen, Schminken, Bühne einrichten.
- Transparent machen: Jetzt wird es ernst; Absprachen müssen verbindlich eingehalten werden; die Experimentierphase ist abgeschlossen.
- Betonen der Leistung auch als positive Verstärkung der Gruppe; alle haben zu etwas beigetragen und tragen noch dazu bei, das man mit Stolz zeigen kann.
- Alle tragen zum Gelingen bei. Die Gruppe ist mehr als die Summe ihrer Teile.
- Betonen, dass jede*r anders mit Stress umgehen darf und Unterschiede erlaubt sind. Alle werden durch die Gruppe getragen.

E. Zusammenfassung des 1x1

Kein Geheimnis gibt's auf der Welt,
das uns fünf Freunden so gefällt,
wir sind jedem Rätsel auf der Spur,
wir lösen sie, glaubt mir nur!
Fünf Freunde, Songtext

Fünf scheint eine magische Zahl zu sein: fünf Finger an der Hand, fünf Akte im Drama, fünf Arbeitsschritte in der Theaterpädagogik, fünf Phasen in der Gruppendynamik und auch fünf didaktische Herausforderungen ... Hier eine kleine Zusammenfassung der fünf Freunde einer Didaktik der Theaterpädagogik:

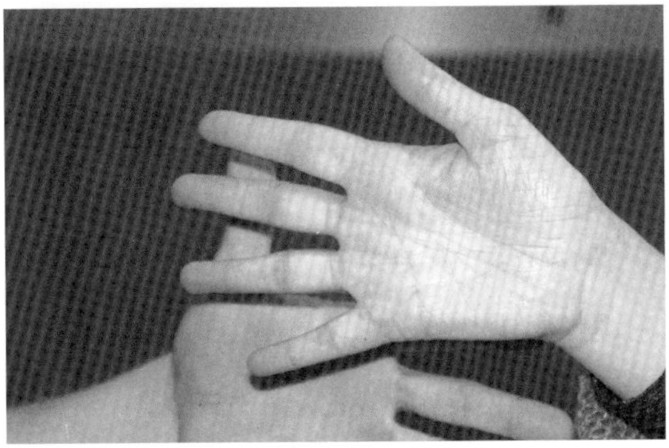

Fünf Freunde einer Didaktik der Theaterpädagogik

5xTheaterpädagogik

1x1

Alles nimmt seinen **Anfang** bei dir Selbst, indem du eine **Haltung** einnimmst und vertrittst. Bewusst und achtsam.

2x2

Deine Haltung spiegelt sich im individuellen **Entwurf** für dein Projektvorhaben wider, durch den **Ziel, Inhalt und Form** einander ergänzend geplant werden. Fragen über Fragen über Fragen sind dabei der Ausgangspunkt. Eine Projektüberschrift kann helfen, zu den Fragen zu gelangen.

3x3

Das stattfindende **Ereignis** verläuft in Phasen und teilt sich in **Arbeitsschritte**, die du festlegst. Vermittelt wird mit für die ICHs, das WIR, ES und

GLOBE **angemessenen Methoden und Interventionen.** Komplexe Sachverhalte können über didaktische Reduktion variiert werden. Alles verläuft vom Allgemeinen zum Konkreten.

4x4
Das **Ergebnis** wird präsentiert, gefeiert, reflektiert, analysiert, dokumentiert.

5x5
Vor dem Spiel ist nach dem Spiel. Alles Erdachte wird zu denken geben, alles Erfahrende den nächsten Anfang beeinflussen. **Ende** ist nie. Alles wächst weiter. Fragen über Fragen …

oder

5xDidaktik

1x1 Didaktische Fragen:
Du formulierst didaktische Fragen, die dich auf die Spur bringen, deine eigene Haltung zu finden und deinen theaterpädagogischen Weg zu gehen. Du definierst die Begrifflichkeiten und Elemente, von denen du in deiner theaterpädagogischen Arbeit ausgehst.

2x2 Didaktische Elemente:
Du setzt alle wesentlichen didaktischen Elemente in eine komplexe Beziehung zueinander (Theater, Pädagogik, Ichs, Wir, Sache, Globe, das Setting als äußeren Rahmen). Du gestaltest dafür dein Modell, findest dein Bild.

3x3 Didaktische Grundannahmen:
Basierend auf deinen Entscheidungen zu Punkt 1 und 2 triffst du Grundannahmen, die Inhalt, Form, Zeit deines Projektes umreißen. Welche Phasen und Schritte du innerhalb dieses Rahmens/Raumes gehst, bestimmst du zusammen mit deiner Gruppe. Es ist dein Labor der Fantasie.

4x4 Didaktische Reduktion:
Ziel und Inhalte werden unter Umständen reduziert und fokussiert.

5x5 Methoden:
Mit angemessene Methoden und Interventionen gibst du Impulse, vom WAS (Punkt 1–4) zum WIE.

Haltestelle IV: sich nähren

Ü

Alles, was gut tut

Spazieren, Baden, Schimpfen, Singen, Schokolade, Austausch, Ablenkung, Kochen, Theater schauen, Nickerchen, Schütteln, Sex, Schreiben, Tanzen, Atmen, Quatsch machen, Quatschen, Augen schließen, Rennen, Fenster öffnen, Spielen, ... Frei nach den Fantastischen Vier: „Alles ist gut, was man gerne tut, egal, ob hyperventiliert oder ausgeruht!"

Ü

Paradoxe Intervention – sich selbst bejubeln

Eine schöne Übung, um tief verwurzelte Bewertungsmuster auf den Kopf zu stellen und mit Humor aufzubrechen. Du kannst sie mit deiner Gruppe machen, aber auch nur für dich selbst.

- Sammle Eigenschaften und Fähigkeiten von dir. Welche, von denen du meinst, „darin bin ich schlecht", und solche, von denen du sagst, „das kann ich gut".
- Nun sprich das „Schlechte" aus und belohne dich dafür mir Jubel, Applaus und Schulterklopfen.
- Das „Gute" dagegen wird mit viel Lust ausgebuht und beschimpft.

Ü

Kindheitsträume

Versetze dich in deine Kindheit zurück, ungefähr die frühe Schulzeit. Was hattest du für Träume? Was „wolltest du werden"? Wie wolltest du leben? Falls du noch ein dazu passendes Andenken aus der Zeit hast, nimm es in die Hand und betrachte es. Vermutlich bist du nicht genau das geworden, was du dir damals vorgestellt hat (noch nicht?). Besinne dich aber auf die Lust und Energie deiner Kindheitsträume. Wo hat diese Energie dich stattdessen im positiven Sinne hingeführt? Wie kannst du jetzt an diese Energie anknüpfen? Wenn du magst, schreibe deine Gedanken und Gefühle dazu in dein Tagebuch.

5. Akt: Das Finale – abschließen, dokumentieren, auswerten

Am Ende wird alles gut.
Und wenn es nicht gut ist,
ist es noch nicht das Ende.
Oscar Wilde

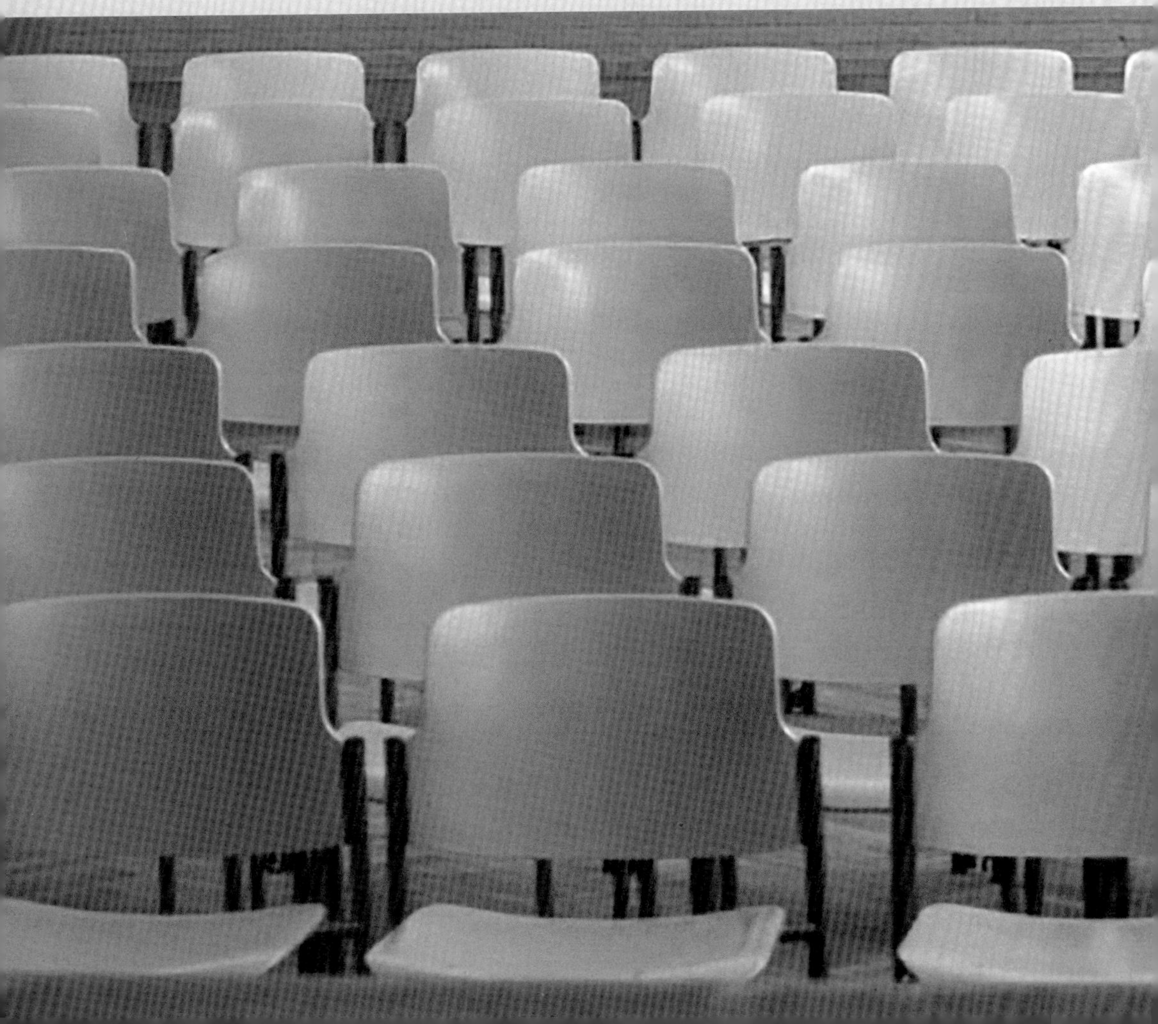

Aus**wert**en, heißt das, den **Wert** deiner Arbeit zu erkennen, zu schätzen, zu feiern?

Das Wort Evaluation (lat. valere, stark sein, wert sein) legt das nahe. Es bedeutet, eine sach- und fachgerechte Begutachtung und Bewertung vorzunehmen. Auch hier kommt das Wort „Wert" vor.

Ebenso die Begriffe „gut" und „achten". Hast du Achtung vor dem, was du gemeinsam mit der Gruppe und jedem Einzelnen geschafft hast? Ist die Sache gut gelungen? Und wenn ja, was heißt das? Was ist für dich ein gut gelungenes Projekt? Was war stark? Was hat euch gestärkt? Was habt ihr gelernt? Was müsst ihr noch lernen? Was wirkt weiter?

Theater wird als vergängliche Kunst bezeichnet. Und in der Tat scheint ein Projekt nach Beendigung der Präsentation erst einmal beendet. Die Aufführungen werden so nie wieder stattfinden.

Und dennoch bewirkt die Disziplin der Theaterpädagogik, dass deine Projekte weiterwirken: in jeder einzelnen Teilnehmenden, die ihre Erfahrungen in das nächste Vorhaben wieder hineinträgt. In jede Zuschauende, die Gefühle, Erkenntnisse, Eindrücke mitnimmt, welche im besten Fall Denk- und Handlungsmuster und somit auch das Ganze nachhaltig verändern. In dir selbst als Theaterpädagog*in, die beim nächsten Anleiten Gelungenes verstärken und vertiefen, Misslungenes korrigieren und verändern kann. So wirkt ein Projekt über sich hinaus, hinterlässt Spuren, stößt Neues an.

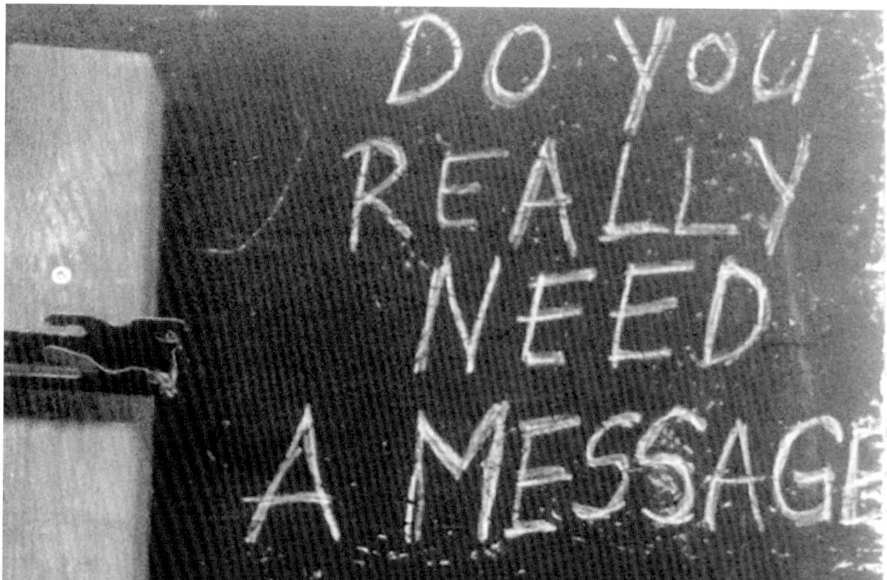

A. Abschlüsse gestalten

Liebe deine Geschichte.
Es ist der Weg, den du gegangen bist.
frei nach Tolstoi

Das Ende jeder Probe

Jede einzelne Probe braucht ein gutes, klares Ende. Dieses Ende setzt du als Theaterpädagog*in. In einer Kritikrunde werden alle Eindrücke die Sache betreffend ausgetauscht und gemeinsam verhandelt, wie sich das Projekt künstlerisch weiterentwickeln kann, welche Übungen und Maßnahmen sinnvoll wären, um die äußere, ästhetische Form zu verbessern. Rollenfiguren werden gespiegelt und reflektiert, konstruktive Vorschläge zur Verbesserung vorgetragen. Feedback-Regeln sind hier hilfreich.

Im Sharing – einem Austausch, das eher das persönliche und innere Befinden der Menschen in den Vordergrund stellt – teilen die Rollentragenden ihre Erwartungen, Befürchtungen und Erlebnisse innerhalb des Prozesses (vgl. Anklam & Meyer 2014, S. 21f.).

Gemeinsame Abschiedsrituale setzen einen spielerischen Schlusspunkt (vgl. Meyer 2016, S. 54).

Die Aufführungen als Abschluss der Sache

Die Aufführungen, also Präsentationen der Arbeitsergebnisse am Ende eines Projektes, setzen dem Prozess ein Ende und machen Sache und Menschen öffentlich für die Eindrücke und die Kritik des Publikums.

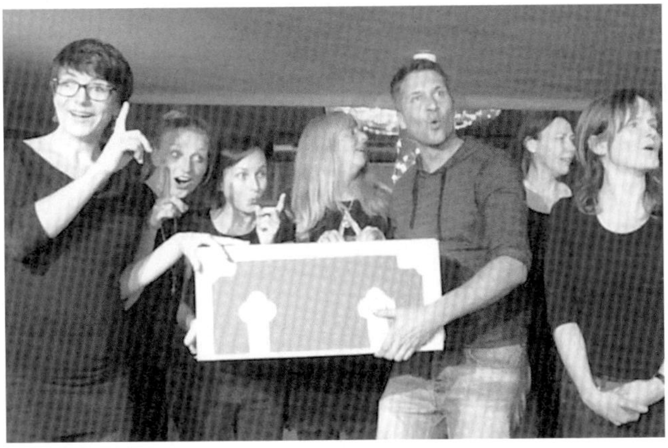

Eine Präsentation planen und durchführen, ist wie einen Schatz zu heben.

Abschiedsrituale für die Menschen

Derniérenfeier und Nachtreffen sind wichtig, damit nicht nur die Sache zu einem guten Abschluss kommt, sondern sich auch die Menschen von einem intensiven gemeinsamen Erleben verabschieden können (vgl. Baer 1998).

Didaktische Überlegungen zur Adjourning-Phase

Das Miteinander ist geprägt von Abschied und Abgrenzung.
WIRs werden wieder zu ICHs.
Wettervorhersage: Es ist mit starken Emotionen zu rechnen.

Hilfreich: Hypothesen zur Adjourning-Phase

- Die Dernière ist nicht das Ende des Prozesses. Vor dem Spiel ist nach dem Spiel.
- Du wirst konfrontiert sein mit Traurigkeit, Aggression, Kritik, Gleichgültigkeit, Ignoranz, Ablehnung, Klammern, Idealisierung deiner Person, Verklärung des Prozesses, Destruktion, Rationalisierung …; d. h. mit allen Möglichkeiten menschlichen Ausdrucks von Abschied und Widerstand.
- Du wirst stolz, traurig, aufwertend, abwertend, erschöpft, erleichtert, frustriert, konstruktiv, destruktiv, aggressiv, verletzbar, verletzend, grenzenlos, abgegrenzt … sein, d. h. mit allen Ausdrücken menschlicher Emotion und Kognition in Berührung kommen – sowohl bei dir, als auch bei den Teilnehmenden.
- Der „After-Show-Blues" kann schwarze Löcher aufmachen.
- Der Wunsch danach, es möge weitergehen, kann von allen Seiten her auftauchen (ES, WIR, GLOBE).

Didaktisch-methodische Prinzipien, die hilfreich sein können

- Vorbereitung auf emotionale Ausnahmezustände. Du solltest dich darauf vorbereiten, dafür „Gefäße" bereitzustellen.
- Eine Premieren- und Derniérenfeier organisieren, um die gemeinsame Leistung zu feiern
- Auflösungs- und Abschiedsrituale anbieten.
- Ein Nachtreffen hilft, um gemeinsam Eindrücke auszutauschen und den Prozess zu reflektieren.
- Transparenz: Übergänge, und was sie mit Einzelnen machen können, offen ansprechen.
- Theater als konzentriertes Leben: Es ist „normal", extrem zu spüren. Würdigung aller möglichen Emotionen.

- Abgrenzung ermöglichen: Wie können Einzelne in ihrem individuellen Umgang mit Abschied und im Prozess des Loslassens unterstützt werden; wie kannst du dich verabschieden und loslassen?
- Ausblicke geben
- Fragen ansprechen: Was bleibt? Was geht? Was ist noch offen?
- Nach dem Spiel ist vor dem Spiel!

B. Dokumentation

Das Dokumentieren einzelner Prozessschritte, persönlicher Eindrücke, Ergebnisse vor, während und nach dem theaterpädagogischen Projekt, verschafft dir Struktur, Überblick und die Möglichkeit, alle gesammelten Informationen zu anderen Zwecken nutzbar zu machen; z. B. für Probenvorbereitungen, Projektanträge, Rechenschaftsberichte, als Grundlage für eine Evaluation …

In **Probenprotokollen** kannst du spielerische Experimente und Arrangements festhalten; im **Regiebuch** szenische Abläufe fixieren (vgl. Jenisch 2005, S. 132ff.). **Videoaufzeichnungen** nützen nicht nur der persönlichen Erinnerung, sondern auch einer möglichen Analyse und Überprüfung ästhetischer Formen.

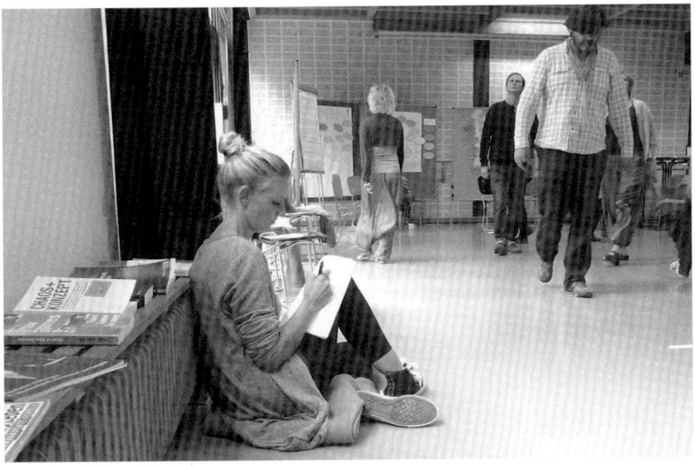

Verläufe und Ergebnisse zu dokumentieren, ist wesentlich.

In **Interviews** und **Fragebögen** können Teilnehmende und Zuschauende nach ihren Eindrücken zum Prozess befragt werden. Eine Zielanalyse kann folgen.

C. Evaluation und Analyse

Wie überprüfe ich kompetente Handlung? Wir sichere ich den pädagogischen Erfolg? Welche Information gibt mir Hinweise zur Steuerung und (Selbst-)Entwicklung? Dies alles ist in unserem Zusammenhang Gegenstand der Evaluation, die wir wie folgt definieren möchten:

Evaluation

Eine Evaluation ist – kurz gesagt – eine systematische Beurteilung, die sich auf konkreten Fakten und messbaren Kriterien abstützt. Wichtig ist es, eine Gewichtung zu schaffen, den Fokus auf einen klar umrissenen Gegenstand bzw. die Konzentration auf einen konkreten (Teil-)Aspekt zu richten.

Zweck und Ziel

Sie hat den Zweck, die Qualität der theaterpädagogischen Arbeit zu überprüfen, zu optimieren und zu sichern. Sie hilft dabei, sinnvolle und nachhaltige Entscheidungen für laufende und kommende Projekte zu treffen bzw. am Ende Rechenschaft abzulegen, wenn das gefordert sein sollte. Du selbst kannst durch die Analyse und die Reflexion gemachter Erfahrungen lernen und wachsen. Das Ziel ist Transparenz, Kontrolle und Veränderung.

Inhalte der Evaluation

Eine qualitative Beurteilung kann anhand objektivierbarer Kriterien stattfinden. Allerdings erfassen objektive Größen künstlerische Projekte meist nur sehr unzulänglich. Eindeutige Parameter sind hier allenfalls messbare Zahlen (Anzahl von Teilnehmenden, Zuschauenden, Steigerung von Einnahmen …).

Aber was können diese Zahlen tatsächlich über den künstlerischen oder pädagogischen Wert eines Projektes aussagen? Bei theaterpädagogischen Projekten musst du dich zumeist auf eine eher subjektive Bewertung stützen, die aus Erfahrungen und Eindrücken der teilnehmenden Menschen, sprich dir selbst als Theaterpädagog*in, den Teilnehmenden und Zuschauenden besteht. Auch von der Seite der Lernprozesse her gesehen sind wir mit einer Komplexität und individuellen Vielfalt konfrontiert, die sich kaum auf eine eindeutige Aussage kondensieren lässt.

Die Wirkung des Projektes kann dabei nur erfasst werden, wenn sie in Beziehung zu den vorweg gesetzten Zielen steht. Indikatoren zur Messung geben dann Antworten auf gestellte Fragen. Umso wichtiger ist es, diese Ziele und Indikatoren frühzeitig zu formulieren, um anhand der richtigen Fragestellungen am Ende auch befriedigende Antworten zu finden (s. Akt 4).

Fragen können z. B. sein:

- Rechtfertigt dein Aufwand den Nutzen (Effizienz)?
- Hast du deine formulierten Ziele erreicht und wie erkennst du das (Effektivität)?
- Hat dein Projekt eine nachhaltige Wirkung und wenn ja, woran machst du das fest (Effekt)?
- Welche Wirkung hat das Projekt auf den Kontext (Impact)?
- Ist es das richtige Projekt für diesen Rahmen, diese Inhalte, diese Zeit ... (Relevanz)? (vgl. Migros-Kulturprozent, 2008)

Methoden auswählen

Um Fakten auszuwerten, musst du erst Fakten schaffen. Eine ordentliche Dokumentation deines Projektes von der Konzeption, über die Durchführung bis zur Auswertung liefert dir Material zur Analyse (z. B. Dokumentation). Das kann sein:

- Statistiken
- Fragebögen, Zeichnungen, Reflexionen des Prozesses
- Interviews, Kolloquien
- Gesprächs-, Proben-, Aufführungsprotokolle in Schrift, Ton und Bild
- Auswerten, Darstellen, Schlussfolgern

Am besten gehst du zur Auswahl und Konstruktion dieser Methoden im Geiste ganz zurück an den Anfang, zu deinen inhaltlichen, fachlichen, sozialen, emotionalen Zielen und wie du sie in ein Lern-Setting bringen wolltest. Wähle davon ausgehend Methoden aus, die mit möglichst wenig Interpretationsspielraum zu diesen Zielen passende Aussagen machen.

Dieses Material muss letztlich gesichtet, ausgewertet und die daraus gefolgerten Schlüsse und Ergebnisse übersichtlich und verständlich dargestellt werden. An diesem Punkt verweisen wir auf einschlägige Fachliteratur.

Auswertung als Teamwork

Es kann übrigens nützlich und entlastend sein, sich für die Interpretation und Bewertung des Evaluationsmaterials kollegiale Unterstützung zu gönnen. Bezogen auf das eigene Handeln dürfte jeder Mensch blinde Flecken haben und zu einer (so oder so) gefärbten Interpretation neigen; eine kritisch-konstruktive Begleitung in der Auswertung kann hier helfen, die eigene Sichtweise zu reflektieren und mit der Evaluation nicht nur etwas über das Projekt oder das Lerngeschehen zu erfahren, sondern auch über sich selbst zu lernen.

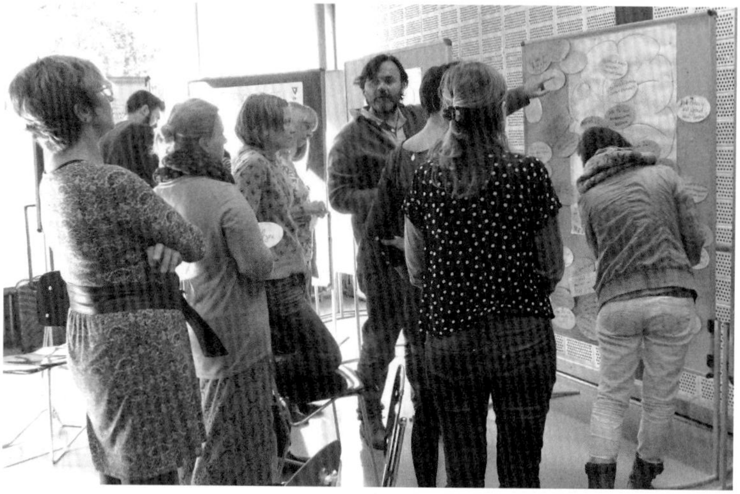

Auswerten im Team ist nützlich und entlastend.

Haltestelle V: Loslassen

Vorneweg und zwischendrin und gerade am Ende braucht es die Kraft, Menschen und Sachen, die uns ans Herz gewachsen sind, wieder loszulassen. Nicht alle Ideen kannst du umsetzen, nicht alles erarbeitete Material auf der Bühne zeigen, nicht jede Mitspielende weiter begleiten …

ÜB 1 Abschiedsritual

Gestalte dein eigenes kleines oder großes Abschieds- und Loslass-Ritual für genau dieses Projekt, für genau diese deine Gruppe, wie es für dich stimmig und angemessen ist: Nimm eine Dusche und lass das Wasser alles abwaschen, was du loslassen möchtest. Schreibe einen Abschiedsbrief, den du abschickst – oder auch nicht. Male ein Bild und verbrenne oder rahme es. Gönne dir ein prächtiges Abendessen, mit dem du dich feierst. Gestalte ein Fotoalbum. Schreibe einen Post für deinen Theater-Blog.

ÜB 2 Abschiedskreis

Stellt euch in einen Kreis, schaut einander an und würdigt schweigend eure Gemeinschaft als Gemeinschaft „auf Zeit“. Dreht euch alle zur linken Nachbar*in und klopft dieser auf die Schulter. Dreht euch dann zur linken Nachbar*in und klopft dieser auf die Schulter. Dreht euch zurück zur Kreismitte, reicht einander die Hände – die rechte Hand in gebender Haltung, die linke Hand in nehmender Haltung – und spürt die Resonanz. Lasst bewusst los, sobald ihr offen seid, zu gehen.

ÜB 3 Lieblingsmomente poetisch

Geht zu zweit im Raum spazieren und erzählt einander eure Lieblingsmomente, die größten Stolpersteine und wichtigsten Erkenntnisse. Tauscht euch über Highlights, Ohos, Ahas und Ojes aus. Kommt dann zu viert zusammen und schreibt ein Gedicht, dichtet einen Song, entwickelt eine Szene, die ihr den anderen vortragt.

Systemisches Glossar

Autopoiese/Selbstreferenz

Autopoiese bedeutet so viel wie „Selbst-Gestaltung" und bezeichnet den Prozess eines Systems, sich in Selbstorganisation fortwährend weiterzuentwickeln. Systeme sind also niemals statisch, sondern immer in Veränderung bzw. Anpassung. Das System bezieht sich dabei vorrangig auf die inneren eigenen Zustände, nur mittelbar auf äußere Umstände; dies bezeichnet man als Selbstreferenz. Ursprünglich wurde der Begriff in der Biologie verwendet, da dieses Verhalten lebende Systeme kennzeichnet, später wurde er übertragen auf alle Arten von Systemen, auch soziale.

Emergenz

Emergenz bezeichnet den Prozess, mit dem ein System neue Eigenschaften hervorbringt, die nicht allein aus den Eigenschaften aller Systemelemente bestehen, sondern aus deren Interaktion neu entsteht. Sprichwörtlich: Das ganze System ist durch die Interaktion mehr als die Summe der Eigenschaften seiner Teile.

Haltung

Eine professionelle Haltung ist eine konzeptionell begründete und reflektierte Zielvorstellung über die eigene Rolle in einem spezifischen Setting (z.B. theaterpädagogisches Projekt). Sie enthält persönliche Wertsetzungen, Motive und Handlungsdispositionen und ist ein Teil der professionellen Identität. Sie bestimmt die Handlungsmöglichkeiten in Bezug auf die reflektierten Werte. Eine systemische Haltung zeichnet sich u.a. durch Allparteilichkeit, Neutralität, Wertschätzung und Neugierde aus. Eine Haltung schlägt sich im konkreten Handeln, Sprechen und Tun nieder.

Homöostase

Systeme entstehen und stabilisieren sich durch das Hervorbringen und Halten einer äußeren System-Umwelt-Grenze. Systeme passen sich permanent den äußeren Einflüssen und Veränderungen der Umwelt an. Ein Impuls von außen, der stark genug ist, die innere Interaktion des Systems zu verstören, wird von einem System mit einer Dynamik der Re-Stabilisierung beantwortet. Diese nennt man Homöostase.

Hypnotherapie/Trance

In der Hypnotherapie geht es darum, über eine veränderte Bewusstseinsfokussierung Veränderungen in Denken und Erleben zu erzielen. Eine willkürliche oder unwillkürliche Fokussierung der Aufmerksamkeit sowie die damit verbundene Gestimmtheit und spezifische Verfügbarkeit der individuellen Ressourcen wird als Trance bezeichnet (z. B. Problem-Trance oder Euphorie). Über Suggestionen, d. h. sprachlich angebotene innere Bilder und Wahrnehmungen, können Trancen induziert werden, mit dem Ziel, neue Verknüpfungen mit lösungsrelevanten Zielvorstellungen und Ressourcen knüpfen zu lassen (z. B. Wunderfrage, Fantasiereise in die Zukunft ohne Problem).

Intervention

Eine systemische Intervention ist ein auf Grundlage eigener Hypothesen gestaltetes Angebot an einen oder mehrere Teilnehmenden, eine neue Sichtweise, Verhaltensweise oder Erlebensweise zu erhalten. Sie kann aus einem einzelnen Kommunikationsbeitrag, einem Aspekt in der Gestaltung des Lernsettings oder einem komplexen methodischen Zugang bestehen. Eine systemische Lehrintervention ist ein auf Grundlagen eigener Hypothesen gestaltetes methodisches Angebot, die individuellen Sichtweisen und Denkmuster der Lernenden sowie ihrer gemeinsamen Interaktion zu irritieren, mit dem Ziel, den Aufbau neuen Wissens und neuer Kompetenzen als Reorganisation der relevanten Erfahrungen zu unterstützen.

Irritation/Perturbation

Ein hinreichend starker Impuls auf ein System kann die innere musterhafte Interaktion verstören und unterbrechen. Dies bezeichnet man als Perturbation oder Irritation. Sie wird vom System durch den Prozess der Homöostase, dem Streben nach neuem dynamischen Gleichgewicht, beantwortet; sie kann allerdings auch zum Auseinanderstreben des Systems führen. Bewusste Irritation bestehender Verhaltensmuster als Intervention regt zur Suche nach neuen Verhaltensmustern an. Eine konstruktive Verstörung kann daher neue Ordnungen schaffen und Veränderungen umsetzen helfen.

Isomorphie

Isomorphie bezeichnet den Effekt, dass zwischen zwei eng angekoppelten Systemen Muster und Regelmäßigkeiten der Interaktion des einen Systems vom anderen System übernommen zu werden scheint. So könnte beispielsweise zu beobachten sein, dass zu einem Konflikt in der Teilnehmendengruppe eine spätere vergleichbare Konfliktdynamik des Theaterpädagog*innen-Teams korrespondiert – ebenso umgekehrt, sodass etwa ein neues Konfliktlöseverhalten vom Theaterpädagog*innen-Team auf die Gruppe „überspringen" könnte.

Kompetenz

Kompetenzen sind die erworbene Fähigkeit, komplexe Handlungsmuster situativ auszuwählen, zu gestalten und zu realisieren. Anders als einfache Fertigkeiten können sie nicht rezepthaft beschrieben werden, ihre Gestalt und Wirksamkeit kann nicht sinnvoll vorgegeben werden. Kompetenzen erlauben kreatives Verhalten auch in unbestimmten Situationen. Kompetenz benennt die Möglichkeit zu diesem Verhalten, Performanz die tatsächliche Umsetzung.

Komplexität/Kontingenz

Die Komplexität ist ein Merkmal der inneren Dynamik eines Systems. Mit der Anzahl der eingebundenen Systemelemente wächst überproportional auch die Anzahl der möglichen Systemzustände. Hoch komplexe Systeme können nicht nach übergeordneten Regeln beschrieben werden, sie verhalten sich nicht vorhersehbar. Kontingenz benennt eine in dieser Vielfalt der Möglichkeiten aktuell getroffene Wahl bzw. Reduktion auf einen Zustand. Sie impliziert die Option, dass diese Wahl nicht zwingend logisch ist, sondern dass es „genauso gut" auch anders sein könnte.

Konstruktivismus

Konstruktivismus wurde zunächst als eine Form der Erkenntnistheorie formuliert und bildet eine zentrale Annahme der Systemtheorie ab. Er geht davon aus, dass jede Wahrnehmung stets individuell geschaffen und interpretiert wird durch den wahrnehmenden Beobachter. Die Wirklichkeit ist demnach immer subjektiv und damit auch immer veränderlich. Nach dem sozialen Konstruktivismus existiert keine absolute, objektive Realität, sie wird durch die Kommunikation und die Beziehungen von Menschen zueinander konstruiert und individuell wahrgenommen. Dies impliziert auch, dass sich Menschen sowie soziale Systeme untereinander nur sehr eingeschränkt „verstehen" können, da sie sich jeweils nur auf ihre eigene Wirklichkeitsrekonstruktion beziehen können.

Kontext

Kontext bezeichnet die relevante Umwelt, die ein System aktuell „umgibt". Dies kann die soziale Situation, also das Beziehungsgefüge, die Lebensbedingungen sowie den Zeitpunkt bezogen auf die Veränderungsgeschichte betreffen. Der Kontext konstituiert im System die situative Wahrnehmung von äußerer Wirklichkeit, er bestimmt also die vom System wahrgenommen Verhaltens- und Erlebensoptionen ganz wesentlich.

Lösung

Lösungen von Problemen oder aus Fragestellungen können immer aus einem Selbstreflexionsprozess des Einzelnen oder der jeweiligen Gruppe entstehen. Probleme und damit auch Lösungen resultieren aus konstruierten Wirklichkeiten, die beispielsweise durch systemische Interventionen irritiert und angeregt werden können. Probleme und Lösungen sind aus systemischer Sicht Leistungen der Interaktion. Aus dem Konzept der Kontingenz lässt sich schlussfolgern, dass ein System, das durch seine Interaktion in der Lage ist, ein Problem zu generieren, auch in der Lage ist, mindestens eine Lösung hervorzubringen.

Reflecting-Team

Ein Reflecting-Team ist ein Setting der kollegialen Beratung, hervorgegangen aus einer familientherapeutischen Interventionsform. Dazu sitzt ein kollegiales Team zusammen, etwas abgewandt von der Person mit dem Beratungsanliegen, und trägt gemeinsam in assoziativem, laut denkenden Stil Eindrücke, Hypothesen oder Lösungsrichtungen zusammen. Dies geschieht ohne Diskussion oder Überzeugungsabsicht, mit dem Effekt, dass für die zu beratende Person die Denk- und Handlungsmöglichkeiten zunächst erweitert werden, und sie die subjektiv beste Lösungsrichtung auswählen kann. Die Form kann mehrmals hintereinander mit unterschiedlichem Fokus wiederholt werden.

Reframing

Reframing bedeutet die Neuausrichtung eines inneren mentalen Rahmens (engl. „frame") zu einem bestimmten Realitätsausschnitt. Dies kann durch eine bewusste Umdeutung in Form einer sprachlichen Umformulierung unterstützt werden. Hierfür kann man zwei Reframing-Arten unterscheiden: Beim Bedeutungs-Reframing bleibt der Kontext eines Sachverhalts unverändert, wird jedoch durch eine „Umetikettierung", d. h. eine emotional anders gefärbte Wortwahl, neu interpretiert. Beim Kontext-Reframing werden der Zusammenhang oder das Umfeld einer Aussage uminterpretiert, um den Sachverhalt im Zusammenhang sinnvoll erscheinen zu lassen.

Ressource

Ressourcen sind alle inneren oder äußeren Gegebenheiten, die man für sich oder andere vergegenwärtigen bzw. wirksam machen kann. Dies können Gefühle, (Lern-)Erfahrungen, Wünsche, Bedürfnisse, Ideen, Stärken, Schwächen, Aufgaben, Krankheiten, Symptome, Rahmenbedingungen, Begrenzungen, Geldmittel, Netzwerk, Methoden etc. sein. Eine Ressource wird zur Kompetenz (bzw. trägt dazu bei), wenn sie zielbezogen verwendet wird.

Systeme

Systeme bestehen aus Systemelementen, die durch ihre Interaktion in der Lage sind, sich von einer äußeren, „umgebenden" Umwelt durch Aufbau und Stabilisierung von Systemgrenzen zu unterscheiden. Komplexe Systeme verhalten sich autopoietisch und selbstreferenziell, d. h. sie entwickeln sich in der Anpassung an die Umwelt permanent weiter und bilden dabei Regeln und Sinnbezüge für die innere Interaktion aus. Sie sind von außen nicht instruktiv steuerbar sowie mittel- und langfristig nicht vorhersehbar – dennoch verhalten sie sich nicht zufällig. Als Systeme können sowohl „interpsychische" als auch intrapsychische Systeme gelten: Familien, Paare, Teams und Gruppen wie auch Einzelpersonen mit ihren verschiedenen Anteilen, Ressourcen, Zielen. Die Identifikation, was konkret ein System sei, kann nur durch ein anderes, beobachtendes System erfolgen, daher ist die Zuschreibung wiederum subjektiv und perspektivenabhängig.

Rolle

Eine Rolle ist die Summe der von einer Person erwarteten Verhaltensweisen, die in der Regel auf das Verhalten anderer Personen abgestimmt ist. In seiner jeweiligen Rolle tritt der Mensch mit anderen Menschen in Beziehung. Die Kenntnis der gegenseitigen Rollenerwartungen erleichtert den Umgang miteinander, weil sie das Verhalten des anderen vorhersagbar macht. Zu Missverständnissen und Problemen kann es kommen, wenn jemand die Erwartungen nicht erfüllt, d. h. wenn er „aus der Rolle fällt".

Verantwortung

Verantwortung meint den Anspruch an eine verantwortliche Person, im Sinne vereinbarter Regeln oder einer übergeordneten Ethik (als Regelsystem) konsequent zu handeln. Systeme sind in ihrer gemeinsamen Interaktion auf die regelhafte Teilnahme aller Systemelemente angewiesen. Dies macht es schwer, für Gruppenprozesse die Verantwortung einzelnen Personen zuzuschreiben. Stattdessen liegt die Verantwortung für die Gruppenprozesse immer bei allen Beteiligten. Die Verantwortung lässt sich teilweise thematisch differenzieren, zum Beispiel in die Prozesssteuerungsverantwortung der Leitung und die Verantwortung für die individuellen Lernprozesse sowie die Kommunikation im Gruppensystem der Teilnehmenden.

Zirkularität/ Muster

Systemisches Denken geht davon aus, dass nicht ein Prinzip von Ursache und Wirkung (wenn–dann) die Beziehungen von Menschen bestimmt, sondern zirkuläre, d. h. durch Rückkopplung bedingte, wechselseitige Prozesse. Das Tun des Einen bewirkt das Tun des anderen. Jede kommunikative Äußerung birgt eine potenzielle Anregung oder auch Verstörung des Systems in sich. Entsprechend beschäftigt sich der systemische Ansatz gezielt mit der Deutung von Beziehungswirklichkeiten in sich selbst organisierenden Systemen. Verhalten kann nicht im Detail, sondern in seinen Zusammenhängen, Regelmäßigkeiten, Skripten als sogenannte Muster beschrieben werden.

Literaturverzeichnis

Aebli, Hans (1993). Grundlagen des Lehrens: Eine allgemeine Didaktik auf psychologischer Grundlage. Stuttgart: Klett-Cotta.

Anklam, Sandra (2016). Theater trifft Therapie – eine Begegnung an der Schnittstelle von Kunst und Heilung. Oder: Heiter Scheitern! In: Uhl, Idun; Anklam, Sandra; Echterhoff, Silke & Klare, Thomas (Hrsg.). Theater in der Psychiatrie, Von Verwandlungen, Wagnissen und heiterem Scheitern. Stuttgart: Schattauer.

Anklam, Sandra (2017). Theaterpädagogik. In: Kunstakademie Düsseldorf (Hrsg.): Lexikon der Kunstpädagogik. Oberhausen: Athena.

Anklam, Sandra & Meyer, Verena (2013). Life. On Stage. Handbuch Theatertherapie. Straßburg/Uckermark: Schibri.

Altman, Howard (1983). Training foreign language teachers for learner-centered instruction. Deep structures, surface structures and transformations. In: Alatis, James et al. (Hrsg.). Paper presented at the 34th Georgetown University Round Table on Languages and Linguistics. Applied Linguistics and the Preparation of Second Language Teachers. Towards a Rational, S. 19–25. Washington, D.C.: Georgetown University Press.

Arnold, Rolf (2007). Ich lerne, also bin ich/Eine systemisch-konstruktivistische Didaktik. Heidelberg: Carl-Auer.

Baer, Ulrich (1998). Sag beim Abschied .../Spiele, Materialien und Methoden für Schlussphasen in der Gruppenarbeit/mit Beiträgen von Hildegard Becker. Seelze-Velber: Kallmeyer.

Bandler, Richard & Grinder, John (1981). Metasprache und Psychotherapie. Die Struktur der Magie I. Paderborn: Junfermannsche Verlagsbuchhandlung.

Bateson, Gregory (1987). Geist und Natur. Eine notwendige Einheit. Frankfurt am Main: Suhrkamp.

Barthelmess, Manuel (2001). Systemische Beratung/Eine Einführung für psychosoziale Berufe. Weinheim und Basel: Beltz.

Barthelmess, Manuel (2016). Die Systemische Haltung/Was systemisches Arbeiten im Kern ausmacht. Göttingen: Vandenhoeck & Ruprecht.

Boal, Augusto (1989). Theater der Unterdrückten: Übungen und Spiele für Schauspieler und Nicht-Schauspieler. Frankfurt a.M.: edition suhrkamp

Brook, Peter (1983). Der leere Raum. 9. Auflage. Berlin: Alexander.

Bundesverband Theaterpädagogik e.V. http://www.butinfo.de/rahmenrichtlinien

Bundesverband Theaterpädagogik e.V., Das theaterpädagogische Manifest, https://www.butinfo.de/positionen/das-theaterpaedagogische-manifest

Chomsky, Avram Noam (1965). Aspects of the theory of syntax. Cambridge, Massachusetts: MIT Press.

Cohn, Ruth (1991). Von der Psychoanalyse zur themenzentrierten Interaktion: Von der Behandlung einzelner zu einer Pädagogik für alle. Stuttgart: Klett-Cotta.

Dick, Rolf von & West, Michael A. (2005). Teamwork, Teamdiagnose, Teamentwicklung, Praxis der Personalpsychologie, Human Resource Management kompakt, Band 8, Göttingen: Hogrefe, S. 24.

Erpenbeck, John & Rosenstiel, Lutz von (2003). Handbuch Kompetenzmessung: Erkennen, verstehen und bewerten von Kompetenzen in der betrieblichen, pädagogischen und psychologischen Praxis. Stuttgart: Schäffer-Poeschel.

Fietz, Yvonne (2008). Tun wir die richtigen Dinge? Tun wir die Dinge richtig – Qualitätssicherung und Evaluation mitdenken. In: Stiftung Niedersachsen (Hrsg.). Praxis 9, Projektmanagement. Anträge. Social Media. Qualität. Evaluation. Hannover: Stiftung Niedersachsen.

Glasersfeld, Ernst von (1987). Wissen, Sprache und Wirklichkeit. Arbeiten zum radikalen Konstruktivismus. In: Wissenschaftstheorie, Wissenschaft und Philosophie. Band 24. Braunschweig/Wiesbaden: Vieweg.

Handke, Peter (1968). Kaspar. Berlin: Suhrkamp Verlag.

Hentig, Hartmut von: Bildung: Ein Essay. München Carl Hanser 1996.

Hilliger, Dorothea (2018). K_eine Didaktik der Performativen Künste/Theaterpädagogisch handeln im Framing von Risk, Rules, Reality und Rhythm. Berlin/Milow/Straßburg: Schibri.

Hinrichs, Dieter (2008). Von der Idee zum Projekt – Ein Projektmanagement-Wegweiser in kleinen Schritten. In: Stiftung Niedersachsen (Hrsg.). Praxis 9, Projektmanagement. Anträge. Social Media. Qualität. Evaluation. Hannover: Stiftung Niedersachsen.

Hippe, Lorenz (2011). Und was kommt jetzt? Szenisches Schreiben in der theaterpädagogischen Praxis. Weinheim: deutscher theaterverlag.

Höhn, Jessica (2015). Theaterpädagogik – Grundlagen, Zielgruppen, Übungen. Leipzig: Henschel.

Hüther, Gerald & Quarch, Christoph (2016). Rettet das Spiel! Weil Leben mehr als Funktionieren ist. München: Carl Hanser.

Huizinga, Johan (1991). Homo ludens. Vom Ursprung der Kultur im Spiel. Reinbek: Rowohlt.

Jenisch, Jakob (2005). Handbuch Amateurtheater. Berlin: Henschel.

Johnstone, Keith (1995). Improvisation und Theater. Berlin: Alexander-Verlag.

Klafki, Wolfgang (1991). Neue Studien zur Bildungstheorie und Didaktik: Zeitgemäße Allgemeinbildung und kritisch-konstruktive Didaktik. Weinheim und Basel: Beltz.

Klepacki, Leopold & Zirfas, Jörg (2013). Theatrale Didaktik. Ein pädagogischer Grundriss des schulischen Theaterunterrichts. Weinheim: Beltz Juventa.

Koch, Gerd; Vaßen, Florian; Ruping, Bernd & Hentschel, Ulrike (Hrsg. 2012). Korrespondenzen, Zeitschrift für Theaterpädagogik, Didaktische Haltungen im Wechselspiel von Entwurf und Ereignis, 19. Jahrgang, Heft 42, Schibri Verlag.

Königswieser, Roswitha & Exner, Alexander (2008). Systemische Intervention/Architekturen und Designs für Berater und Veränderungsmanager. Stuttgart: Schäffer-Poeschel.

Kotte, Andreas (2012).Vgl. Ute Pinkert. In: Nix, Christoph; Sachser, Dietmar & Streisand, Marianne (Hrsg., 2012). Lektionen 5, Theaterpädagogik, Berlin: Theater der Zeit.

Krapp, Andreas; Prenzel, Manfred & Weidenmann, Bernd (2001). Geschichte, Gegenstandsbereich und Aufgaben der Pädagogischen Psychologie. In: Krapp, Andreas & Weidenmann, Bernd (Hrsg.): Pädagogische Psychologie. Weinheim: Beltz Psychologie Verlags Union.

LandNRW.www.schulentwicklung.nrw.de/lehrplaene/upload/klp_SI/GE/HandreichungDuG_111014.pdf, aufgerufen am 15.2.2018.

Le Fevre, Dale N. (2002). best of new games – Faire Spiele für Viele, Mülheim an der Ruhr: Verlag an der Ruhr.

Lodewijks, Henny P.B. & Verstegen, Rob (2004). Der Interaktionscoach: ein Praxisbuch zur Prävention und Behebung von Interaktionsproblemen in Unterricht und Erziehung. Donauwörth: Auer.

Lohse, Simon (2011). Zur Emergenz des Sozialen bei Niklas Luhmann. In: Zeitschrift für Soziologie, Jg. 40, Heft 3.

Maturana, Humberto R. & Varela, Francisco J. (1990). Der Baum der Erkenntnis: die biologischen Wurzeln des menschlichen Erkennens. München: Goldmann.

Meibert, Jörg (2014). Methode der Mindful-Based-Stress-Reduction (MBSR). Handout MBSR-Training, Duisburg.

Meyer, Verena (2007). Abenteuer Theater. Mit Jugendlichen ein Stück entwickeln. Kempen: BVK.

Migros-Kulturprozent & Schweizer Kulturstiftung Pro Helvetica (2008). Evaluieren in der Kultur/Warum, was, wann und wie? Ein Leitfaden für die Evaluation von kulturellen Projekten, Programmen, Strategien und Institutionen. Zürich: Schweizer Kulturstiftung Pro Helvetica.

Nickel, Hans-Wolfgang (2009). Regie: Thema und Konzept. Berlin/Milow/Straßburg: Schibri.

Nix, Christoph; Sachser, Dietmar & Streisand, Marianne (Hrsg., 2012). Lektionen 5, Theaterpädagogik, Berlin: Theater der Zeit.

Oerter, Rolf & Montada, Leo (Hrsg., 2002). Entwicklungspsychologie. Weinheim/ Basel/ Berlin: Beltz.

Oser, Fritz & Patry, Jean-Luc (1990). Choreographien unterrichtlichen Lernens, Basismodelle des Unterrichts. In: Berichte zur Erziehungswissenschaft, Nr. 89. Pädagogisches Institut der Universität Freiburg, Schweiz.

Pinkert, Ute (2012). Transformationen des Alltags. Materialbasierte Theaterproduktionen in der Theaterpädagogik. In: Nix, Christoph; Sachser, Dietmar & Streisand, Marianne (Hrsg.). Lektionen 5, Theaterpädagogik, Berlin: Theater der Zeit.

Reich, Kersten (2005). Systemisch-konstruktivistische Pädagogik: Einführung in Grundlagen einer interaktionistisch-konstruktivistischen Pädagogik. Weinheim: Beltz.

Reyer, Thomas (2004). Oberflächenmerkmale und Tiefenstrukturen in Unterricht/Exemplarische Analysen im Physikunterricht der gymnasialen Sekundarstufe. Berlin: Logos.

Reyer, Thomas (2014). Interview in: gruppe&spiel – Zeitschrift für kreative Gruppenarbeit, 1/2014, Neue Wege durch kreative Beratung. Seelze/Velber: Kallmeyer.

Rosenstiel, Lutz; Molt, W. & Rüttinger, B. (1995). Organisationspsychologie. Stuttgart: Kohlhammer.

Roth-Lange, Friedhelm (2017). Didaktische Fragestellungen, planen – vorbereiten – durchführen – auswerten. In: Klein, Irene: Gruppenleiten ohne Angst/Themenzentrierte Interaktion (TZI) zum Leiten von Gruppen und Teams, Augsburg: Auer.

Sachser, Dietmar (2012). Theaterspielflow. Flow als ein künstlerischer Gestaltungsmodus an der Nahtstelle zwischen Theoriebildung und Praxis in der Theaterpädagogik. In: Nix, Christoph; Sachser, Dietmar & Streisand, Marianne (Hrsg.). Lektionen 5, Theaterpädagogik, Berlin: Theater der Zeit.

Sack, Mira (2012). Didaktische Radiale, Reflexionswege für die Theaterpädagogik. In: Nix, Christoph; Sachser, Dietmar & Streisand, Marianne (Hrsg.). Lektionen 5, Theaterpädagogik. Berlin: Theater der Zeit.

Salas, Jo (2012). Playback-Theater. Berlin: Alexander-Verlag.

Schilling, Johannes (2005). Didaktik/Methodik Sozialer Arbeit. München: Reinhardt UTB.

Schlegel, Leonhard (2002). Handwörterbuch der Transaktionsanalyse. Sämtliche Begriffe der TA praxisnah erklärt. Freiburg im Breisgau: Herder.

Schlippe, Arist von & Schweitzer, Jochen (2003). Lehrbuch der systemischen Therapie und Beratung. Göttingen: Vandenhoeck & Ruprecht.

Schmidt, Gunther (2005). Einführung in die hypnosystemische Therapie und Beratung. Heidelberg: Carl-Auer.

Scholz, Lothar (2010). Methoden-Kiste, Bundeszentrale für politische Bildung.

Simon, Fritz B. (2006). Einführung in Systemtheorie und Konstruktivismus. Heidelberg: Carl-Auer.

Spitzer, M. (2007). Lernen. Gehirnforschung und die Schule des Lebens. Heidelberg: Spektrum Akademischer Verlag.

Sriram, R. (2001). Yoga, Neun Schritte in die Freiheit. Bielefeld: Theseus.

Stahl, Eberhard (2002). Dynamik in Gruppen: Handbuch der Gruppenleitung. Weinheim und Basel: Beltz.

Steiner, Claude (2015). Der Erste-Hilfe-Koffer des Retters, Handout AHG Gesundheitszentrum, Düsseldorf.

Trökes, Anna (2014). Der kleine Alltags-Yogi. München: Gräfe und Unzer.

Tuckman, Bruce W. (1965). Developmental sequences in small groups. Psychological Bulletin, 63, S. 348–399.

Tulodziecki, Gerhard; Herzig, Bardo & Blömeke, Sigrid (2017). Gestaltung von Unterricht. Eine Einführung in die Didaktik. Bad Heilbrunn: Klinkhardt/utb.

Vaßen, Florian (2012). Theater +-Pädagogik, Korrespondenzen von Theater und (Theater-)Pädagogik. In: Lektionen 5, Theaterpädagogik, Berlin: Theater der Zeit.

Vogt, Annika (2016). Was geht hier eigentlich vor? Koordinaten einer Didaktik der Spielleitung. In: Ulrike Hentschel (Hrsg.). Theater lehren. Didaktik probieren. Strasburg Uckermark: Schibri.

Wohlleben, Peter (2015). Das geheime Leben der Bäume/Was sie fühlen, wie sie kommunizieren – die Entdeckung einer geheimen Welt. München: Ludwig.

Wolf, Cornelia. www.theaterpaedblog.de/blog/8-haltung, aufgerufen am 15.2.2018.

Abbildungsverzeichnis

Fotos

Die Fotos wurden bei den Kurswochen zum Thema „Didaktik und Methodik in der Theaterpädagogik" 2015 und 2017 an der Akademie der Kulturellen Bildung des Bundes und des Landes NRW in Remscheid gemacht. Alle Teilnehmenden haben dem Abdruck der Bilder schriftlich zugestimmt.

3. Akt

4. Akt

5. Akt

Übersicht Icons und Elemente

Didaktische Überlegungen

Exkurs

Tipps für die und Beispiele aus der Praxis

Übungen

Definitionen